Das Prinzip Gold

Senator E.h. Michael Bloss ist Direktor der Commerzbank AG und bekleidet mehrere Gremienpositionen. Er lehrt Internationales Finanzmanagement und Financial Engineering an der Hochschule für Wirtschaft und Umwelt Nürtingen-Geislingen (HfWU), wo er zum Ehrensenator ernannt wurde.

Michael Bloss

Das Prinzip Gold

Vom Edelmetall zum Investitionsobjekt

4., überarbeitete Auflage

UVK

Umschlagabbildung: © ayala_studio iStockphoto

Bibliografische Information der Deutschen Nationalbibliothek
Die Deutsche Nationalbibliothek verzeichnet diese Publikation in der Deutschen Nationalbibliografie; detaillierte bibliografische Daten sind im Internet über http://dnb.dnb.de abrufbar.

4., überarbeitete Auflage 2025
3., vollständig überarbeitete Auflage 2021
2., überarbeitete Auflage 2017
1. Auflage 2012

DOI: https://doi.org/10.24053/9783381141425

– Ein Unternehmen der Narr Francke Attempto Verlag GmbH + Co. KG
Dischingerweg 5 · D-72070 Tübingen

Internet: www.narr.de
eMail: info@narr.de

Druck: Elanders Waiblingen GmbH

ISBN 978-3-381-14141-8 (Print)
ISBN 978-3-381-14142-5 (ePDF)
ISBN 978-3-381-14143-2 (ePub)

Inhalt

Für alle Menschen, denen Gold nicht das erhoffte Glück gebracht hat. Hoffentlich sehen sie den Glanz in Ewigkeit!

Vorwort

„Gold ist Geld, alles andere ist Kredit!"
J.P. Morgan

Vieles ist bereits über Gold geschrieben worden. Es wurde als Heilbringer gefeiert, als segensreich verklärt, als Quelle des Übels verteufelt. Doch die wahre Seele des Goldes, das den Menschen anspricht, wie kein anderes Metall, ist eine vielschichtig. Um Gold zu begreifen muss man zurück in der Menschheitsgeschichte, zur Entstehung unserer Sozialisierung, unseres Glaubens und der Mythen. Man muss zurück zum Anbeginn der Zeit um dann vorauszureisen in die Gegenwart, um die Transformation in die Moderne zu verstehen.

Dies ist die Reise, in diesem kleinen Buch, zu dessen Neuauflage und Überarbeitung mich Dr. Jürgen Schechler vom UVK Verlag ermutigt hat. Ich danke ihm hierfür sehr.

Wenn wir in unserer vielschichtigen und von disruptiven Kräften begriffenen Zeit Halt und Stabilität suchen, so wenden wir uns oftmals einem Edelmetall zu, welches einige zigtausend Jahre alte Erfolgsgeschichte hat. Wir suchen Gewissheit wie es schon unsere Vorfahren und deren Vorfahren getan haben. Wir erfreuen uns an der angenehmen warmen und edlen Farbe und sind fasziniert von der Ewigkeit.

Künstler, Wissenschaftler, Alchemisten, Wirtschaftslenker, Zentralbanker alle verbindet ein Element, ohne dieses ihre Arbeit, ihr Denken und ihr Erfolg undenkbar ist. Das Metall der Ewigkeit, entstanden im Geburtsprozess unseres Planenten ist Innbegriff von Glanz und Gloria. Es führt den Menschen zu neuen Errungenschaften, doch auch zu teuflischen Plänen und oftmals in den nahen Abgrund. Es sichert Wohlstand und Entwicklung und zeigt seine Kälte in schonungsloser Offenheit.

Stuttgart, im Frühjahr 2025
Michael Bloss

Hinweise zum Buch

Risikohinweis und Hinweis auf Geschlechterspezifikation
Alle in diesem Buch verwendeten Instrumente, Underlyings und deren Derivate sind zu reinen Beispielzwecken gewählt. Diese, die Anlagestrategien und besprochenen Inhalte stellen weder eine Beratung, noch eine Aufforderung zum Kauf, Verkauf oder sonstigen Handel von Wertpapieren, Edelmetallen und/oder Derivaten dar. Die aufgezeigten Sachverhalte und Informationen wurden nach bestem Wissen zusammengetragen. Es kann für die Richtigkeit und Sinnhaftigkeit keine Haftung übernommen werden. Die hier vertretenen Meinungen und Anmerkungen spiegeln die neutrale persönliche Meinung des Autors wider. Meinungen Dritter finden keinen Eingang. Kursverläufe und Kurs-/Preisdaten wurden zur besseren Verdeutlichung des Inhaltes gewählt. Eine zukünftige Entwicklung lässt sich daraus nicht ableiten.

Des Weiteren wird das **generische Maskulinum** verwendet. Dies erfolgt lediglich aufgrund der besseren Lesbarkeit. Angesprochen sind stets Menschen jeglichen geschlechtlicher Identität.

Teil I
Gold außerhalb der Finanzwelt

1 Gold - Mythos, Werterhalt und Ewigkeit

„Am Golde hängt, zum Golde
drängt doch alles."
Goethe, J.W.: Faust I Vers 2802 ff.

1.1 Der Mythos entsteht

Johann Wolfgang von Goethe legt seiner Protagonistin Margarete in **Faust** dieses vielbediente, jedoch so treffende Zitat in den Mund, dass auch ich es mir hier zu zitieren erlaube. Denn kaum eine Aussage ist wohl zutreffender als diese. Heute würde man wohl eher umschreiben: Gold ist eine Key-Investition, ein Grundsatz- und Bodensatzinvestment und ein Zeichen für Macht und deren Erhalt. Viel klarer als ich zeigt dies Goethe jedoch in „seine Faust" mit obigen Worten auf.

Doch was prägt den Mythos des Edelmetalls? Dazu muss man, über den Ur-Faust hinaus, zeitlich viel weiter zurückgehen. Gold war eines der ersten von Menschen verarbeiteten Metalle. Seine warme und glänzende Farbe hat es dem Menschen schon immer angetan.

Gold – Eine kurze Begriffsdefinition der Materie
Der Begriff Gold kommt aus dem Indogermanischen und leitet sich von glänzend und gelb ab. Sein Elementsymbol ist Au und die Ordnungszahl im Periodensystem ist die 79.

Ein Grund für die Attraktivität des Edelmetalls ist, dass es sich mechanisch gut verarbeiten lässt und nicht korrodiert. Die Goldgewinnung kann heute bis in die **Kupferzeit** nachverfolgt werden. Im Jahr 1972 wurden im bulgarischen Varna in einem Gräberfeld bedeutende Goldkunstfunde gemacht. Diese waren kunstvoll gearbeitet und zeugten von einem hohen handwerklichen Können. Eine zeitliche Datierung ergab, dass die Goldobjekte ca. 4.500 vor Christus geschaffen wurden.[1] Dieser Goldkunstfund zeigte auf, wie wichtig das Metall für die Menschen bereits in dieser Zeit gewesen ist,

1 Vgl. Iwanow, Iwan: Die Schätze der Warnaer chalkolithischen Nekropole 1978.

und dass der Mensch bereits damals die verschiedenen Verarbeitungsarten beherrschte.

Besonders beeindruckend ist das mit der Ziffer 43 versehene Grab. Es beinhaltete die sterblichen Überreste eines ca. 1,70 Meter großen Mannes, welcher ca. 40 bis 50 Jahre alt geworden war. Er war mit etwa 990 einzelnen Goldobjekten umgeben. Auch seine Kleidung war mit Goldapplikationen versehen. Als Grabbeigabe wurde unter anderem eine Art Zepter gefunden, welche annehmen lässt, dass es sich um einen hohen Priester oder Regenten handelt. Diese **Grabbeigaben** erinnern sehr an die der alten Ägypter.

So haben diese zum Beispiel dem **Pharao** der 18. Dynastie (zwischen 1332 und 1323 vor Christus) eine goldene Totenmaske aufgelegt, bevor er in eine reich verzierte und mit mehreren Sarkophagen (ebenfalls aus Gold) versehene Grabkammer gelegt wurde. Auch die Grabbeigaben, welche den Pharao auf dem Weg ins Jenseits begleiten sollten und ihm dort ein angenehmes Leben bescheren sollten waren von hohem Goldgehalt. Durch die Entdeckung des Grabes im Jahr 1922 durch den britischen Archäologen Howard Carter (1874–1939) wurden diese Schätze der Welt wieder zugängig gemacht. Erst durch sein unnachgiebiges und sehr akribisches Graben im Tal der Könige wurde das Grab gefunden. Viele hatten es schon aufgegeben, dachten, das Tal der Könige wäre längst erforscht und es würde kein weiteres unentdecktes Königsgrab mehr existieren. Nur durch einen sehr wohlhabenden Geldgeber, Lord Carnarvon (1866–1923), konnte Carter seine Grabungen durchführen und einen der größten Schätze der Menschheit dieser wieder zurückgeben.

Man könnte sagen, durch das Geld von Lord Carnarvon und den unermüdlichen Willen von Howard Carter wurde das Gold **Tutanchamun** wieder zutage gebracht. Philosophisch übersetzt könnte man deuten, wo Geld und Gedanken zusammentreffen, scheinen goldene Zeiten anzubrechen!

Wissen | Goldenes Zeitalter – Aurea Saecula

Das „Goldene Zeitalter“ kommt aus der antiken Mythologie und umschreibt einen Zustand, welcher als Idealzustand in dem Frieden und Eintracht herrschen, anzusehen ist. Die Lebensbedingungen wurden vollständig durch die Natur abgedeckt und alle lebten in Frieden und Harmonie. Man kann Parallelen zur biblischen Geschichte und dem Garten Eden ziehen, wo vor dem Sündenfall und der damit verbundenen Vertreibung aus dem Paradies ebenfalls ein solcher Zustand herrschte.

Dem Mythos um den **Fluch des Pharaos**, welcher sich nach einigen Grabungsunfällen und Todesfällen bildete, wurde versucht mit Fakten zu begegnen die aufzeigten, dass es sich um keine unnatürlichen Todesfälle handelte. Somit hält der Mythos einer kritischen Prüfung nicht stand, besteht in vielen Köpfen jedoch bis heute fort.

Doch kehren wir zu den alten Ägyptern zurück. Noch ein weiteres sehr wichtiges Indiz zeigt auf, wie wichtig Gold bereits für die alten Ägypter war. Denn der königliche Herrscher erhielt als einen seiner fünf Namen in der königlichen Titulatur auch einen „**Goldnamen**". Dieser sollte den Herrscher mit der Sonne, dem Sonnengott Re, und somit dem Göttlichen gleichsetzen.[2]

Wissen | James Simon

Wir wollen an dieser Stelle an James Simon erinnern, der Mann, der einst die Nofretete verschenkte. Diese wurde, bei durch Simon finanzierten Grabungen der Deutschen Orient-Gesellschaft, unter der Leitung von Ludwig Borchardt, in Tell el-Amarna entdeckt und kam so nach Berlin und in seinen Besitz. James Simon übertrug diese und viele andere Kunst- und Kulturgegenstände mittels einer großzügigen Schenkung 1920 in Museums-Hände. Seit damals ist die Nofretete Ausstellungsmagnet auf der Museums-Insel in Berlin. Seit 2019 trägt das zentrale Eingangsgebäude und Besucherzentrum der Berliner Museumsinsel den Namen James-Simon-Galerie und stellt den großen Kunstsammler, Mäzen und Weltbürger James Simon endlich in das gebührende Licht, das ihm die Nationalsozialisten seinerzeit nehmen wollten.

Auch in der **Tora** und im Alten Testament findet man viele Hinweise darauf, dass die Menschheit schon früh dem Glanz des Goldes etwas Göttliches unterstellte. Daher ist es nicht verwunderlich, dass Gold in den Religionen eine besondere Rolle spielt.

Wissen | Skarabäus – Goldener Sonnenscheibenträger

Der Skarabäus wird mit einer goldenen Kugel dargestellt, die er vor sich herschiebt. Dies symbolisiert die Sonne und den allmorgendlichen

2 Vgl. Bonnet: Goldhorus, in: Lexikon der ägyptischen Religionsgeschichte 2000.

Sonnenaufgang. Der Skarabäus galt im alten Ägypten als Symbol der Schöpferkraft und stellt einen direkten Bezug zu Re her.

1.2 Gold in der Religion – Glaube, Hoffnung und Liebe

Viel Einfluss auf die Mythenbildung von Gold haben die großen Weltreligionen bis in unsere heutige Zeit. So ist es kein Zufall, dass immer dann, wenn von der Göttlichkeit gesprochen wird, oft eine Analogie mit Gold zu finden ist. Dem goldenen Metall wird eine göttliche Atmosphäre gegeben. So liest man bei Exodus 32:

> „Als das Volk sah, dass Mose noch immer nicht vom Berg herabkam, versammelte es sich um Aaron und sagte zu Ihm: Komm, mach uns Götter, die vor uns herziehen. Denn dieser Mose, der Mann, der uns aus Ägypten heraufgebracht hat – wir wissen nicht, was mit ihm geschehen ist. ... Er sagte zu ihnen: Nehmt euren Frauen, Söhnen und Töchtern die goldenen Ringe ab ... Er nahm sie von ihnen entgegen zeichnete mit einem Griffel eine Skizze und goss danach ein Kalb ...“

Aus dem Gold der Menschen wird ein **Götzenbild** geschaffen, dass wie Gott selbst verehrt wird. Das immer glänzende Metall wird somit zum göttlichen Element, zu Gottes Hülle deklariert. Es wird zum haptischen Glaubensgegenstand, welcher nicht abstrakt, sondern wahrhaftig fassbar ist. Für die Menschen entstand somit, wie auch schon im alten Ägypten, eine Art von Transzendenz – Gott im Gold. Der Allmächtige, aber nicht sichtbare Gott, nimmt im Glanz des Goldes Gestalt an. Doch wie so oft irrt der Mensch in seiner Betrachtungsweise. Denn die von ihm gewünschte göttliche Fassbarkeit, die Greifbarkeit des Göttlichen, entsteht erst viel später und in viel einfacheren und bescheideneren Verhältnissen – im Stall von Bethlehem.

Springen wir daher etwas in der biblischen Geschichte. Im Neuen Testament liest man beim Evangelisten Matthäus 2,11:

> „Sie gingen in das Haus und sahen das Kind und Maria, seine Mutter; da fielen sie nieder und huldigten ihm. Dann holten sie ihre Schätze hervor und brachten ihm Gold, Weihrauch und Myrrhe als Gaben dar.“

Dieser Teil aus der Weihnachtsgeschichte schließt den Kreis. Gold als Zeichen der Ewigkeit, dargebracht für den wunderbaren Ratgeber, starken

Gott, Vater in Ewigkeit, Fürst des Friedens.[3] Gold für Gott, nicht Gold als Gott.

Beschreiben Matthäus und Lukas in ihren Evangelien noch in aller Romantik die Geschichte der Geburt im Stall zu Bethlehem, so zeigt der Evangelist Johannes ein viel weiter zurückliegendes abstraktes Bild der Menschwerdung Gottes auf:

> „Im Anfang war das Wort, und das Wort war bei Gott, und das Wort war Gott. Im Anfang war es bei Gott. ... Und das Wort ist Fleisch geworden und hat unter uns gewohnt, und wir haben seine Herrlichkeit gesehen, die Herrlichkeit des einzigen Sohnes vom Vater, voll Gnade und Wahrheit."[4]

Man erkennt hier keine Romantik, kein Gold, keinen Weihrauch, keinen Stall. Dennoch ist dieser Text, welcher uns zurückbringt zur Tora, zu den fünf Büchern Moses, so immanent wichtig. Denn er schließt den Bund zwischen romantischer Verklärung und philosophisch sachlicher Betrachtung.

Wissen | Gold in der Bibel
Nimmt man die unrevidierte Elbenfelder Bibel (1905) zur Hand, so findet man im Alten Testament 458-mal den Begriff Gold und im Neuen Testament nochmals 44-mal. Das erste Mal, findet es im Buch 1. Mose 2,11 Erwähnung und das letzte Mal im Buch der Offenbarung 21,21. Somit am Anfang und am Ende der Bibel. Ob dies Zufall ist?

Auch in den anderen Weltreligionen spielt Gold eine große bzw. übergeordnete Rolle. Die **Bundeslade** (אֲרוֹן הַבְּרִית), die nach der Darstellung der Tora die von Moses erhaltenen zehn Gebote beinhaltete (die Originalsteintafeln vom Berg Sinai), war innen und außen mit purem Gold überzogen. Da die Bundeslade sowohl im Tanach wie auch im Alten und Neuen Testament der Bibel seinen Platz findet, kommt ihr eine besondere Stellung zu. So liest man in Exodus 25,10:

> „Mach eine Lade aus Akazienholz, zweieinhalb Ellen lang, anderthalb Ellen breit und anderthalb Ellen hoch! Überzieh sie innen und außen mit purem Gold und

3 Jes 9,5.
4 Joh 1,1-14.

bring daran ringsherum eine Goldleiste an!" und weiter „Mach zwei Cherubim aus getriebenem Gold ..."

Der **Cherub** als Zeichnen des Beschützens des Inhaltes macht deutlich, wie wichtig dieser war. Dieser wurde vom ihm beschützt und der Cherub, welcher schon durch seine reine Anwesenheit Respekt einflößte, zeigte an, dass der Inhalt der Lade göttlichen Ursprungs war. Der Cherub steht für den Bewahrer und Bewachern von Gottes Eigentum. Er zeigt auch die Kontinuität von Werten auf, welche in dieser Konsequenz nur im religiösen Sinne zu finden ist. Losgelöst von einer Diskussion des Relativismus steht der Cherub für die reine Kontinuität und Beständigkeit und somit auch im übertragenen Sinn für die Beständigkeit des Wort Gottes.

In der Bibel sind die Cherubim Engel von hohem Rang. Bereits im ersten Buch der Bibel, in der Genesis sind sie zu finden. So liest man nach dem Sündenfall von Adam und Eva bei Genesis 3,24:

> „Er vertrieb den Mensch und stellte östlich des Gartens von Eden die Cherubim auf und das lodernde Flammenschwert, damit sie den Weg zum Baum des Lebens bewachten."

Das Wort Gottes wird folglich auf Gold gebettet. An dieser Stelle sei es erlaubt, noch eine weitere Deutung anzuführen.

Der **Erzengel** Gabriel wird im Allgemeinen nach jüdischer Auffassung als Vorsteher der Cherubim und Seraphim gesehen. In der Bibel finden nur zwei Erzengel direkte Erwähnung: Michael und besagter Gabriel. Während dem Erzengel Michael (lat. Quis ut Deus; Wer ist wie Gott) allgemein die Funktion des Abwägens beim Jüngsten Gericht bzw. beim Partikulargericht zugesprochen wird, erscheint der Erzengel Gabriel (hebr. גַּבְרִיאֵל; Meine Kraft ist Gott) in der biblischen Geschichte im direkten Zusammenhang mit der Heilsgeschichte, der Geburt Christi. Er verkündigt Maria die Geburt des Kindes, so lesen wir bei Lukas 1,30-31:

> „Fürchte dich nicht, Maria; denn du hast bei Gott Gnade gefunden. Du wirst ein Kind empfangen, einen Sohn wirst du gebären: dem sollst du den Namen Jesus geben."

Somit schließt sich auch hier der Kreis vom goldenen Cherub auf der goldenen Bundeslade hin zur Geburt des Kindes in Bethlehem, dem Salvator Noster.

Die Katholische Kirche betet im Rosenkranz und ganz speziell im Angelus, dem Gebet „Der Engel des Herrn“, mit den voran reflektierten Worten:

> „Der Engel des Herrn brachte Maria die Botschaft und sie empfing vom Heiligen Geist [...] Maria sprach: Siehe, ich bin die Magd des Herrn; mir geschehe nach deinem Wort [...]; Und das Wort ist Fleisch geworden und hat unter uns gewohnt [...]“[5]

Wichtige religiöse Gegenstände aus Gold

Gegenstand	Einsatz
Kelch und Patene	Während des Gottesdienstes als Gefäße für Brot und Wein, welche in der Transzendenz Leib und Blut Christi werden.
Monstranzen	Zur Aussetzung des Allerheiligsten in der Anbetung und zum Segen.
Weihrauchfass und Schiffchen	Das Gefäß, in dem der Weihrauch während der Messe verbrannt wird und in welchem der restliche Weihrauch aufbewahrt wird.
Tabernakel	Er ist der Raum, wo die konsekrierten Hostien bis zur Kommunion aufbewahrt werden. Oft wird der Tabernakel ebenfalls mit Gold um- und eingekleidet.

Im **Koran** wird Sakina, eine Art Seelenfrieden umschreibender Zustand, in Zusammenhang mit der goldenen Bundeslade gebracht. Diese findet auch hier gedanklichen Einzug. Das goldene Gefäß beinhaltet folglich das Wertvollste, was es gibt.

Auch im **Hinduismus** hat Gold eine ganz spezielle spirituelle Symbolik. Nicht erst seit dem Dowry Prohibition Act 1961 ist das an der Hochzeit geschenkte Gold für die Braut ein wichtiger Bestandteil ihres Eigentums. Wurde früher so die Mitgift beglichen, heute ist es das Frauenvermögen (Stridhana), das auf keinen Fall vom Mann angegriffen werden darf. Die einzige Ausnahme stellt der Verlust der Grundlage des Lebens für die Familie dar. Umso wichtiger der Anlass ist, zum Beispiel die Hochzeit, desto reiner ist das Gold, welches verschenkt wird. Gold wird im Hinduismus auch eine reinigende Wirkung zugesprochen.

---

5 Luk 1,28-35; Luk 1,38; Joh 1,14.

Wissen | Gold wird dem Licht gleichgesetzt
Gold (begrifflich aus dem Indogermanischen von gelb und glänzend abgeleitet) wurde als Himmelskörper die Sonne zugewiesen. Denn nur diese konnte die Strahlkraft des Goldes ebenwürdig darstellen. Sie ist das Zentralgestirn und somit der Mittelpunkt des Universums. Gold steht in direktem Zusammenhang mit dem Begriff Licht.

Religiös ist hier ebenfalls eine starke Analogie zu finden. So ist das in Joh. 8,12 zu lesende: „ich bin das Licht der Welt", auch anders zu deuten. Christus als „Sol Invictus". In Jes. 9 lesen wir:

> „Das Volk, das im Dunkel lebt, sieht ein helles Licht; über denen, die im Land der Finsternis wohnen, strahlt ein Licht auf."

Auch hier wird der Begriff Licht folglich als Erleuchtung und somit als wertvoll, rein und ewiglich, es handelt sich dabei um dieselben Attribute, welche auch Gold zugeschrieben werden, genutzt.

Bringt man den Begriff Licht noch in einen anderen christlichen Zusammenhang. In der Apokalypse, der geheimen Offenbarung des Johannes, liest man vom „Himmlischen Jerusalem". Auch hier wird vom Licht gesprochen. Dies bewegte die Baumeister der berühmten Kathedralen so stark, dass diese sich diese Gedanken zunutze machten, haben und in ihren Bauwerken, vornehmlich in den Glasbauarbeiten, umsetzten.[6]

Tiefer gefasst kann man den Begriff des Lichts mit der Auferstehung Christi in Verbindung bringen.

> „Durch das Dunkel des Karfreitags gelangen wir ins Licht von Ostern."[7]

Das Dunkel symbolisiert die Via Dolorosa, den Leidensweg, bis hin zum Kalvarienberg auf Golgota. Das Licht steht für die Auferstehung vom Tode. Das Licht wird somit in den direkten Zusammenhang mit dem wichtigsten Ereignis der Christenheit gesetzt. Das Leben hat den Tod besiegt.

Äußerlich wird dies bis heute durch das Symbol der Osterkerze und des Osterfeuers gekennzeichnet. Licht ermöglicht Leben und Fortschritt – Freiheit und Erkenntnis. Dabei lebt das Kerzenlicht selbst vom Opfer.

---

6 Vgl. Die Kathedrale Notre-Dame-de-Chartres.
7 Benedikt XVI.

„Denn eine Kerze spendet Licht, indem sie sich selbst hingibt."[8]

Die Weiheworte der Osterkerze verdeutlichen diesen Sachverhalt, und das für die ganze Menschheit erbrachte Opfer und dessen Bedeutung nochmals eindrucksvoll.

Christus, gestern und heute
Anfang und Ende,
Alpha und Omega,
Sein ist die Zeit und die Ewigkeit,
Sein ist die Macht und die Herrlichkeit in alle Ewigkeit.
Amen[9]

1.3 Der Klerus, die Könige und das Gold

Wenn man die dargestellten Perspektiven noch einmal reflektiert, so stellt man fest, dass der Begriff Gold seit Menschengedenken mit den Begriffen **Macht und Allmacht** zu tun hat. Mächtige umgeben und schmücken sich mit Gold. Eines der besten Beispiele hierfür sind die Imperial-Kronen, die Zepter und Reichsäpfel der Könige und Kaiser. Dem Papst wurde früher die dreifache Krone – die Tiara – als Zeichen seiner weltlichen und göttlichen Macht aufgesetzt. Heute findet die Tiara nur noch bei der Petrusstatue im Petersdom Verwendung.

Die **Tiara** wurde dem Papst mit folgenden Worten aufgesetzt:

„Empfange die dreifache Krone und vergiss nie, dass Du Vater der Fürsten und Könige bist, das Haupt der Welt und der Statthalter Jesu Christi, ..."[10]

Der Papst verwendet heute als Zeichen seines universellen Hirtenamtes die bischöfliche Mitra. Doch auch die verschiedenen genutzten Mitren des Nachfolgers des Apostelfürsten Petrus sind oft mit Gold verziert und vom Muster der Tiara nachempfunden. Auch in den Messgewändern ist die Bedeutung von Gold zu erkennen. So wird an hohen Hochfesten, wie zum Beispiel Weihnachten, die Farbe Weiß verwendet, welche oft mit Gold

8 Vgl. Benedikt XVI., Ostern 2012.
9 Vgl. Herder: Gottesdienst, Osterkerze.
10 Vgl. Richter, Klemens: Die Ordination des Bischofs von Rom, 1976 S. 109.

in Verbindung steht bzw. mit goldenen Mustern durchwoben wird. Auch werden die anderen Messgewänder oft mit goldenen Fäden durchwoben, welche unter anderem symbolisieren sollen, dass der Träger in Konsekrationshandlungen in Verbindung mit der Kirche des Himmels steht.

In der **Kunst** werden große und für die Weltgeschichte wichtige Dinge in Gold dargestellt. An dieser Stelle sollen nur einige Vertreter genannt werden: die goldenen Schlüssel, die Petrus für das Tor des Himmelreichs und somit der Ewigkeit erhält.[11] Oder man denke an die Bauwerke der Renaissance, wie den prunkvollen Hof des Sonnenkönig Ludwig XIV. – Louis le Grand. Er der sich selbst als die Sonne, den Mittelpunkt des Universums sah, ließ sich in goldene Gewänder als sonnengleich kleiden. Auch die berühmten Imperial-Kronen wurden oft aus Gold gefertigt. Mit Edelsteinen besetzt und vervollständigt mit Reichsapfel und Zepter waren und sind diese das äußere Zeichen für Macht und Ordnung. Und für den Führungsanspruch im Königreich und als Zeichen der Würde des Amtes. So wird selbst in der heutigen Zeit zu jeder Parlamentseröffnung in Großbritannien die Imperial State Crown aus dem Tower von London geholt und während dieser Zeremonie vom Monarchen oder der Monarchin getragen.

Gold ist Macht

Gold wurde im Laufe der Jahrtausende auch immer wieder als Grund für kriegerische Auseinandersetzungen verantwortlich gemacht. Es bekam folglich einen Machtfaktor zugewiesen. Wer Gold besaß, hatte automatisch einen gewissen Machtanspruch. Der Mythos beruht daher lange nicht auf romantischen Vorstellungen, welche wir entwickelt haben. Die Gier des Menschen nach Gold, nach dem, was Stärke und Reichtum und somit auch Macht demonstriert, führte nicht selten zu Eroberungszügen und Plünderungen.

Geschichtlich ist dies in *vielen Beispielen* belegt. Exemplarisch greife ich einige davon auf. Ihnen allen will ich ein Zitat aus dem Jedermann voranstellen, das für sich selbst spricht:

> „Die Welt ist dumm, gemein und schlecht
> Und geht Gewalt allzeit vor Recht,
> Ist einer redlich, treu und klug,

11 Siehe St. Peter in Vaticano.

Ihn meistern Arglist und Betrug."[12]

Alexander der Große

Das erste Beispiel führt uns in die Zeit Alexander des Großen (356–323 vor Christus). Seine Eroberungskriege waren, neben dem Anspruch auf Herrschaft und Machtausübung, ebenfalls geprägt von der Eroberung von Gold und anderen Kunstgegenständen. Durch seine Eroberungszüge brachte er den eroberten Ländern jedoch auch eine Neuerung mit. Denn Goldmünzen als Zahlungsmittel waren zwar in der Welt Alexander des Großen verbreitet, nicht jedoch in Indien. So führte er nach der Eroberung diese in seinem Weltreich als gesetzliches Zahlungsmittel ein und schuf damit den ersten internationalen Geldmarkt. Die Geschichte meinte es gut mit ihm und so kann heute behauptet werden, er war einer der Herrscher mit dem höchsten Ehrgeiz, den es je gab. Dieser Tatsache ist es auch mit geschuldet, dass Alexander seine Machtposition ausbauen und behaupten konnte. Die Größe seines Reiches, welches als Weltreich bezeichnet werden kann, spricht ebenfalls dafür.

König Salomo

Wurden am Anfang nur Götter auf den Münzen abgebildet, war der Kopf von König Salomo der erste Menschenkopf, welcher auf eine Münze geprägt wurde. Es ist schon ein bemerkenswerter Zufall, dass gerade dieser König, welcher wie kein anderer die Menschheit beschäftigte, zu diesem Entschluss gekommen war. Heute kann man deuten, dass er seine Weisheit auch für so profane Dinge wie Geld und Gold eingesetzt haben muss. Natürlich ist dies Spekulation, Fakt ist jedoch, dass er sich damit beschäftigt haben muss. Auch Salomo selbst war es bewusst, dass Gold mit Macht gleichzusetzten war, und wer viel Gold hatte, als mächtig galt. So war es eine einfache Schlussfolgerung, dass er Geldvorräte anlegen ließ.

Wissen | König Salomo und die Königin von Saba

König Salomo gilt der biblischen Überlieferung nach als Erbauer des ersten Tempels in Jerusalem. Er war direkter Nachfolger von Saul und David. Weithin ist sein salomonisches Urteil beim Streit zweier Frauen um ein Kind bekannt. Die Königin von Saba stellte Salomo mit

12 Vgl. Hofmannsthal, Hugo von: Jedermann. Das Spiel vom Sterben des reichen Mannes (1911).

Rätselfragen auf die Probe und erkannte in ihm die große Weisheit, so die Überlieferungen. Sie war wohl von seinen Bauten (zum Beispiel der Palastanlage) und seinem Lebenswandel tief beeindruckt übergab ihm angeblich Gold und Edelsteine.

Julius Cäsar

Auch die Römer entsandten ihre Legionäre in die bekannte Welt hinaus, um zu plündern und Goldschätze zusammenzutragen. Da diese Raubaktionen jedoch mit zunehmender Zeit nicht mehr effektiv waren, mussten die Römer, welche große Mengen von Gold verarbeiteten, auf die Goldproduktion umstellen. Durch Minen in Asien, Afrika und Europa, welche in römischen Provinzen lagen, wurde die Expansion des Römischen Imperiums vorangetrieben.

Julius Cäsar (100 – 44 vor Christus) hatte die Aureus Goldmünze eingeführt, welche von seinem Nachfolger Augustus (23 vor Christus – 14 nach Christus) verändert und in der Produktion verbessert wurde. Sie diente als Weltwährung im Imperium Romanum und alle Krieger wurden damit bezahlt. Kaiser Nero (37–68 nach Christus) begann die Goldqualität herunterzusetzen und der langsame Zerfall begann. Die Qualität der Münzen wurde stetig schlechter, diese wurden in Größe und Stärke verändert und so abgewertet. Das war einer von vielen Gründen, warum viele Jahrzehnte später das Römische Imperium sein Ende fand.

Kolumbus

Springen wir wieder etwas in der Geschichte und kommen zu den kolonialen Eroberungskriegen, welche zeitlich näher liegen. Exemplarisch für diese nenne ich hier die spanischen Eroberungen sowie die dadurch auch mitinitiierten Fahrten des Christoph Kolumbus (1451–1506). Diese Eroberungen sicherten Spaniens Vormachtstellung in der damaligen Zeit. Auf die eroberten Kulturen wurde dabei keine Rücksicht genommen. Diese waren regelmäßig dem Untergang geweiht. Die Reichtümer und Goldschätze wurden stets außer Landes geschafft. Heute ist historisch bewiesen, dass der Hauptgrund für seine Reisen der Tatsache geschuldet war, dass er Edelmetallvorräte für die spanische Krone sichern sollte.[13] Daran hat sich bis heute nichts geändert und dies begründet auch mit dem Mythos des Beutegoldes.

Wissen | Die Legende von El Dorado
Schon der Name El Dorado – „Der Goldene“ – sagt alles aus. Denn jeder neue Herrscher der sagenumwobenen Muisca im Herzen Südamerikas wurde mit einer Paste aus Goldstaub überzogen. Bei einer Opferzeremonie, auf der er in einem goldenen Floß auf den Guatavita-See hinausfuhr und sowohl Gold als auch Edelsteine opferte und sich zum Schluss selbst dem See hingab, wobei das Goldpulver abgewaschen wurde, zeigte der Herrscher seine neugewonnene Macht und Demut. Wie heutige Untersuchungen aufzeigen, wurde die Zeremonie jedoch in der Zeit der Eroberungskriege deutlich höher bewertet als diese in Wirklichkeit war. Versuche, den Goldschatz durch Trockenlegung des Sees zu heben, sind allesamt gescheitert.

Auch in späteren Zeiten, wie bei der Eroberung der Neuen Welt, ging es immer wieder um die Bodenschätze. Wo Gold entdeckt wurde, war auch schon bald Krieg und Unfrieden. Gleichgültig, ob es sich um Eroberungszüge der **Zaren-Allianzen** oder des **British Empire** handelte. Die Sicherung von Gold für das eigene Reich und die damit verbundene Macht spornte jeden an, ob einfache Soldaten, Könige oder Kaiser.

Eine seiner schwärzesten Stunden erfuhr das glänzende Metall wohl während der **Nazi-Herrschaft**, als durch Plünderung und Enteignung große private Goldvorräte illegal in den Besitz des damals herrschenden Regimes gelangten. Die Diktatur nimmt sich, was ihr nicht gehört. Sie greift nach den wertvollen Gegenständen. Sie bemächtigt sich dessen, wessen man sich nicht bemächtigen darf.

Exkurs | Die Farbe des Goldes
Philosophisch könnte man hier anmerken, durch solche Taten verliert der wärmste Farbton des vormals als göttlichen Element dargestellten Goldes seinen Glanz. Der Logos des göttlichen wird angegriffen und geht dabei verloren. Auch heute kann noch immer nicht mit

13 Vgl. Brinkbäumer, Klaus, Höges, Clemens: Die letzte Reise: Der Fall Christoph Kolumbus. Deutsche Verlagsanstalt, München 2004.

Bestimmtheit gesagt werden, wo sich die noch nicht gefundenen Goldbarren und Kunstschätze aus jener Zeit befinden. Dabei geht es in der tieferen Betrachtung nicht um den materiellen, sondern um den Verlust intrinsischer Werte. Denn in einer Zeit, da Gold seinen Glanz im Blut der Verfolgten und Getöteten verlor, gilt es nicht mehr als rein, als göttlich, sondern es gilt als entweiht. Denn nun galt es nur noch als reines Machtsymbol. Doch wie machtvoll ist ein Symbol, das man sich ergaunert hat, das einem nicht legitim gehört?

Immer wieder in der Geschichte kam es zu gewalttätigen Übergriffen und Enteignungen. Auch dies ist ein Grund, welcher den Mythos des Goldes als dem absolut Starken und dem Mächtigen zuzuordnenden begründet. Dies ist jedoch auch die tiefschwarze Seite des Goldes. Denn aus dem göttlichen Glanz wird in den Händen der Schurken das kalte Metall. Es behält seine Farbe und seinen Wert und dennoch ist es nicht mehr rein und frei.

Viel haben Sie auf den vergangenen Seiten nun über die Mythenbildung und die damit verbundene Religionsnähe gehört. Doch wie passen Religion und unsere aufgeklärte Zeit zusammen? Wie Glaube und Vernunft? Welchen Platz haben Mythen und Religion in unserer Zeit?

Exkurs | Religion und Wissenschaft

Wissenschaft und Religion bedingen einander, auch wenn das Mysterium fidei sich nicht einwandfrei beweisen lässt. Dennoch ist Fides et Ratio, Vernunft und Glauben, weniger weit auseinander, als es vielen oberflächlich erscheinen mag. Max Planck (1858 – 1947), der Vater der Quantenphysik, schrieb:

> „Alle Materie entsteht und besteht nur durch eine Kraft ... so müssen wir hinter dieser Kraft einen bewussten, intelligenten Geist annehmen. Dieser Geist ist der Urgrund aller Materie."

In dieser Aussage erkennt man den komplexen, aber auch konkreten Zusammenhang. Philosophisch könnte man es auch biblisch umschreiben: „Der Stein, den die Bauleute verworfen haben, er ist zum Eckstein geworden."[14] Der Mensch, der als Fragender auf die Welt kommt,

---

14 Vgl. Psalm 118; Mt, 21,42.

sucht nach Antworten. Sein ganzes Leben lang. Ein schönes Bild hierfür zeigt das Alte Testament, welches das wandernde Gottesvolk beschreibt. Es zeigt den Menschen auf der Suche nach etwas nicht real Greifbaren, welches er dennoch finden oder auch verfehlen kann.[15] Diese Suche beschäftigt den Menschen in allen Zeiten. Somit ist auch die Verbindung von Mythos, Religion und Menschsein zu erklären. Die ewige Prozession in der sich jede neue Generation einreiht. Dies ist auch der Grund dafür, dass viele in unserer heute so aufgeklärten und monetaristischen Welt immer noch an die alten und tief in uns verwurzelten Werte und Normen glauben. Die Kontinuität von Werten zeigt auch auf, wie wichtig es der menschlichen Natur ist, sich auf etwas verlassen zu können und darin geborgen zu sein.

1.4 Der Mythos ist ungebrochen

Wie in diesem Abschnitt dargelegt, ist der Mythos Gold ungebrochen und besteht in einer vielschichtigen Art und Weise fort wie kaum ein anderer Mythos. Gold fasziniert nicht nur die Reichen und Mächtigen, es ist Zeichen für die Ewigkeit und das Göttliche.

Wissen | Gold als Zeichen der Ewigkeit
Da Gold im Feuer nicht vergeht und nicht zerstört wird, sondern vielmehr in diesem Feuer seine absolute Reinheit findet, wird es als Metall und Element der Ewigkeit angesehen. Dies wird noch durch die Tatsache unterstützt, dass Gold nicht oxidiert oder erodiert. Somit entwickelte sich Gold schnell als Symbol für die Unsterblichkeit und die Ewigkeit. Da es im Feuer immer reiner wird, kann es auch als Symbol für die Erleuchtung und die höchste Stufe der Erkenntnis angesehen werden.

Es strahlt in seinem warmen Glanz Macht und Einzigartigkeit aus und ist dennoch ein kaltes Metall, welches als reiner Bodenschatz gilt. Ben Barnanke, der ehemalige Sprecher der US Fed hat einmal vor Studierenden der Georg Washington University gesagt:

---

15 Vgl. Ratzinger, Joseph: Salz der Erde; vgl. Aristoteles.

„… so muss in Südafrika das Edelmetall ausgegraben werden, nur um es dann wieder in New York einzugraben, in einem Loch aus Stahl, genannt Tresor der New York Fed."

Man könnte auch sagen,

„aus der Dunkelheit der Erde wurdest du genommen, in die Dunkelheit des Tresores kehrst du zurück, doch du gibst mit Sicherheit und Rückhalt, für all meine Taten…"[16]

Exkurs | Die Gier nach Gold

An dieser Stelle möchte ich den Titel der ersten Auflage dieses Buches aufgreifen und auf diesen eingehen. Die Gier nach Gold ist keinesfalls eine negative Auslegung, denn Gier ist einer der Überlebensmechanismen des Menschen. Sie bringt den Antrieb des Menschen zur Behebung einer Mangelsituation und zur Erfüllung von Wünschen mit sich. Da der Mensch jedoch maßlos sein kann, kann ihn diese Gier, dieser Antrieb nach mehr, auch in die Irre führen. Im vorliegenden Teil dieses Buches wurde die Mythenbildung Gold besprochen und aufgezeigt, dass diese den Menschen deutlich geprägt hat. Einer der klassischen Antriebseffekte hier war die Gier nach dem edlen Metall. Als vor über 20 Jahren Oliver Stones Filmcharakter Gordon Gekko in Wall Street die berühmten Worte „Gier ist gut" sagte, wurde damit der emotionale Grundstein für manche Börsenkarriere gelegt. Als in der über 20 Jahre später spielenden Fortsetzung angefügt wurde: „…und heute scheint es legal zu sein…" wurde auch auf die Kehrseite verwiesen. So hat auch die Gier wie jede Goldmünze eine Vorder- und eine Rückseite und somit zwei Seiten. Beide Seiten gehören betrachtet und man muss diese auf sich wirken lassen. Und uns muss bewusst sein, wir entscheiden täglich bei unvollkommener Information. Erst dies lässt hier ein konkretes Handeln zu. Daher ist oft der Glauben an eine Annahme der richtige Weg, um die Wahrheit schließlich zu erkennen.[17]

16 Michael Bloss vor Studierenden des KIT anlässlich einer Gastvorlesung im Jahr 2012.
17 Vgl. Augustinus Confessiones.

1.5 Schmuck und Freude

Würde man Gold nur als **Industriemetall** deklarieren, so würde man einen Großteil seiner Eigenschaften einfach ignorieren. Jedoch ist Gold auch ab und an ein Industriemetall. Im Gegenzug zu Silber zwar ein recht selten verbautes, aber dennoch in Spezialverbindungen benötigtes Metall. Da Gold nur sehr ungern bis gar nicht Verbindungen eingeht, wird es faktisch nicht verbraucht, sondern lediglich verarbeitet. So sind nur ca. 3 Prozent aller auf der Welt existierenden Goldvorräte „verbraucht" worden.[18] Bei Silber zum Beispiel liegt diese Quote deutlich höher.

Jeder von uns trägt, oftmals unbewusst, einen kleinen Anteil Gold mit sich. Das beste Beispiel ist ein modernes **Smartphone**. In jedem Mobiltelefon stecken ca. 24 Milligramm Gold.[19] So kann man nun sagen, das ist ja verschwindend gering, rechnet man jedoch einmal hoch, dass im Jahr 2008 bereits 1,3 Mrd. Handys weltweit verkauft worden sind, so ergibt sich hier ein Goldinhalt im Gegenwert von ca. 1,5 Mrd. US-Dollar. Die Tendenz ist steigend, da die Nachfrage auf dem Mobilfunkmarkt seit 2008 bis heute ungebrochen hoch ist. Immer komplexere Geräte werden entwickelt und auf den Markt gebracht. Immer neue Nachfragegruppen kommen hinzu. Somit steigt auch die Nachfrage nach den Edelmetallen und den in elektronischen Geräten oft verbauten Seltenen Erden/Metalle.

Wissen | Goldnachfrage

Die ***Elektroindustrie*** ist hinter der Schmuckindustrie der größte Goldnachfrager außerhalb des Anlagemarktes und der Zentralbanken, welche hier jedoch eine Sonderstellung haben. Durch Produktinnovationen wie Touch Screen und immer neuere Modelle wurden in den vergangenen Jahren die Verbraucher angehalten, die neuen Geräte zu kaufen. Altgeräte finden schnell ihr tristes Dasein in irgendeiner Schreibtischschublade. Sie geraten in Vergessenheit. Sinnvoller wäre es hier, ein sinngerechtes und zweckgebundenes Recycling zu betreiben. Bei 1,5 Mrd. US-Dollar Gegenwert rechnet sich hier selbst der komplexe Recyclingprozess für Mindermengen.

---

18 Quelle: Commerzbank.
19 Quelle: Germanwatch.

Der größte Industriebereich, in welchem Gold verarbeitet wird, ist die **Schmuckindustrie**. Schmuck ist seit Menschengedenken eine Maßnahme zur Verschönerung des eigenen Körpers. Dabei kommen viele Schmuckgegenstände aus mystischen bzw. geschichtlich verankerten Zusammenhängen. So wurden die Kronjuwelen einst als Repräsentationsobjekt, als Zeichen von Macht und Allmacht verwendet.

Auch wurden spezielle Schmuckgegenstände wie selbstverständlich in das tägliche Leben integriert. So ist der Ehering ein Zeichen der Verbundenheit. Der Ring, welcher weder Anfang noch Ende hat, wurde somit zum Zeichen der Ewigkeit und des Zusammengehörens. Er wird nach außen getragen, um diese Zusammengehörigkeit zweier Menschen auch nach außen hin zu zeigen und andere darauf aufmerksam zu machen.

Würdenträger wie Oberbürgermeister, Universitätsrektoren und Präsidenten (Magnifizenzen) erhalten oft eine **Amtskette**, welche nach außen hin die besondere Stellung aufzeigen soll. Wie das **Pallium**, welches als Zeichen für die Teilhabe an der Hirtengewalt des Papstes neben ihm selbst auch von den Metropoliten (i. d. R. Erzbischöfe) getragen wird, zeigt auch diese Ehrenkette die Gewichtigkeit des Amtes des Trägers. Meist sind die Amtsketten mit Symbolen und Wappen der repräsentierten Einrichtung versehen. Dabei ist die Amtskette ein Ingenium der ausgeübten Macht, ähnlich wie ein Amtsring (zum Beispiel der **Fischerring** des Papstes, Kardinals- oder Bischofsring) oder Zepter und Reichsapfel. Sehr prunkvoll und reichhaltig ausgestattet ist die Amtskette des Lord Mayor of London, welcher als Bürgermeister der City of London und Vorsitzender der Corporation of London fungiert.

Ebenfalls gut zu beobachten ist, dass Schmuck als Ehrenbezeichnung gilt. Am besten erkennbar ist dies im Bereich der verliehenen Orden. So ist zum Beispiel der Verdienstorden der Bundesrepublik Deutschland zum Tragen an der Kleidung ausgestaltet. Damit wird nach außen hin der Verdienst des Geehrten und dessen Auszeichnung aufgezeigt. Auch bei sonstigen Auszeichnungen und Preisen kommen oft mit Gold überzogene Statuen und Objekte zur Übergabe. Die Werthaltigkeit des erreichten und ausgezeichneten Werkes wird damit nochmals in einer Ausdrücklichkeit unterstützt, wie dies sonst nur schwer möglich ist. Das beste Beispiel hierfür ist der von der Academy of Motion Picture Arts and Sciences vergebene Filmpreis: Academy Award, besser bekannt unter dem Namen: Oscar.

Wissen | Der Königliche Seraphinenorden
Ein Beispiel für einen sehr aufwendig gestalteten Orden ist der Königliche Seraphinen-Orden, der Hausorden und höchster Verdienstorden des Königreichs Schweden. Er wurde 1748 durch König Friedrich I. gestiftet und kann heute nur noch an ausländische Würdenträger verliehen werden.

Natürlich kommt Gold auch in anderen **Industriezweigen** zum Einsatz.

- In den letzten Jahren hat auch die **Lebensmittelindustrie** Blattgold entdeckt, jedoch weniger als Geschmacksträger (Gold ist geschmacksneutral), sondern um ein Produkt mit einer gewissen Wertigkeit auszustatten. So wird zum Beispiel in Sternelokalen Blattgold aufgetragen, das lediglich als Schmuck des Gerichtes gilt. In Wodka und Pralinen, sowie neuerdings auch auf Steaks, ist Gold zu finden. Auch hier wird, wie in der Schmuckindustrie, mit dem warmen Farbton des Goldes die Werthaltigkeit des Produktes unterstrichen.
- Die **Kosmetikindustrie** nutzt Gold unter anderem als Färbemittel. Der ewige Glanz soll auch den Anwender bzw. die Anwenderin erfüllen. Mit diesem Marketinginstrument sollen die hochwertigen Produkte an eine dementsprechend gut situierte Kundschaft verkauft werden.
- Auch in der **Medizin** wird Gold genutzt. Man denke nur an die Verwendung von Gold im Bereich der Zahnmedizin. Aufgrund seiner speziellen Eigenschaften wie der Beständigkeit, feinen Verarbeitbarkeit und des Nichteingehens von Verbindungen ist es hier für eine schonende und langfristige Therapie sehr geeignet.
- Eine schon seit vielen Jahrhunderten mit Blattgold arbeitende Industrie ist das **Kunsthandwerk**. Man denke an die im Barock entstandenen Innenausbauten von Kirchen und Kathedralen, die goldüberzogenen Möbel der Rokoko- und Barockschlösser.

Exemplarisch kann man hier die wunderbaren goldüberzogenen Kapitälchen im Petersburger Winterpalast oder auch die mit Blattgold versehenen Wasserspiele von Schloss Peterhof (Петерроф) westlich von St. Petersburg nennen. Die Künstler haben hier, wie auch bei den Barockkirchen, das Farbenspiel zwischen klassischem Weiß und Gold in Szene gesetzt. Besonders deutlich wird dies auch im so vielfach als Vorbild dienenden Schloss von Versailles.

Diese Vorliebe für Gold hat sich erhalten. So findet man diese bei den Möbeln des Empirestils wie auch in Kunstwerken und Möbelstücken der späteren Zeit. Gerade auch in „modernen“ Stilrichtungen wie dem Jugendstil wurde viel mit Gold gearbeitet.

Wissen | Blattgold
Bei Blattgold handelt es sich um eine hoch goldhaltige dünne Folie, sozusagen Gold in seiner geringsten Volumendicke. Bei der Herstellung kommen so genannte Goldschläger zum Einsatz. Hierbei handelt es sich um ein über 5.000 Jahre altes Handwerk. Dabei wird das Goldblatt auf ca. 0,1 Mikrometer dünn bearbeitet. Zum Einsatz kommt Blattgold immer dann, wenn man einen Gegenstand besonders exponieren möchte. Er erscheint dann wie aus Gold gefertigt. Auch bei Büchern (dem Goldschnitt) oder bei besonderen Speisen kommt Blattgold zum Einsatz.

Die aufgeführten Beispiele zeigen, dass Gold, und hier vor allem Blattgold, immer dann zum Einsatz kommt, wenn man mit der Technik der Vergoldung versucht Gegenstände besonders wertvoll und besonders exponiert darzustellen.

Wissen | Was versteht man unter vergolden?
Umgangssprachlich wird oft vom Vergolden gesprochen. Hier kommt der Begriff immer dann zum Einsatz, wenn sich der Einsatz von bestimmten Materialien oder Anstrengungen gelohnt hat. Im Handwerk ist die Technik des Vergoldens ein Überziehen von Grundsubstanzen mit hauchdünnem Gold. Oft kommt es dort zum Einsatz, wo massives Gold zu teuer oder aufgrund seiner weichen Eigenschaften nicht geeignet wäre. Der Vergoldungsprozess läuft entweder manuell mit einem Blattgoldpinsel und dem dazu gehörigen Blattgold oder mit modernen technischen Verfahren ab. Bei Letzteren kommt oft die Technik der Galvanik zum Einsatz. Vereinfacht dargestellt, wird hierbei durch ein elektrolytisches Bad Strom geleitet. Zwischen der Anode und der Kathode befindet sich das zu vergoldende Objekt. Durch den Strom kommt es zu Loslösung von Metallionen, welche sich am zu beschichtenden Material durch Reduktion ansetzen. Es gibt jedoch auch andere Verfahren, wie zum Beispiel das Aufdampfen oder eine keramische Aufbren-

nungsvergoldung, welche eine dauerhafte Verbindung zwischen dem Grundwerkstoff und dem aufgetragenen Gold ermöglichen.

Auch die **Künstler** bedienen sich hier des Goldes als eine zweite Hülle für ihre Kunst. Durch den angenehmen warmen Lichtschein und die wertvolle Darstellung wird dem vergoldeten Material Leben eingehaucht. Die Wirkung der Kunst nimmt somit eine Wendung. Wirkt zum Beispiel weißer Marmor kalt, so bekommt er im Zusammenspiel mit vergoldeten Passagen einen warmen Charakter. Auch wichtige Aussagen werden oft in goldenen Lettern geschrieben. Vor allem, wenn diese im Andenken oder ermutigend und zur Nachahmung gedacht sind. Auch hier wird auf die Werthaltigkeit und die damit verbundene emotionale Wirkung auf den Leser gesetzt.

Exkurs | Gustav Klimt
Der Künstler, dessen Name unmittelbar mit dem Werkstoff Gold bzw. mit der Farbe Gold verbunden ist, ist und bleibt der Maler Gustav Klimt (1862-1918). Seine Kunst fasst das Thema Gold ein, wie bei wenig anderen. Sein berühmtes Bild aus 1907: Adele Block-Bauer I – auch die „Goldene Adele“ genannt ist uns allen vor Augen. Das im Stile der Wiener Secession, im Jugendstil, geschaffene Bild hat eine spannende und bedrückende Geschichte zugleich hinter sich. Einst für Adele Bloch-Bauer (1881-1925) und deren Familie gemalt, später von den Nazis geraubt, von der Republik Österreich im Museum Schloss Belvedere ausgestellt und letztendlich von Maria Altmann (1916-2011), der Nichte von Adele Bloch-Bauer, und E. Randol Schoenberg (*1966) deren Anwalt und Enkel von Arnold Schoenberg (1874-1951), um Restitution ersucht und nach längeren Streitigkeiten -2006- auch gewährt, hängt es heute in der „Neue Galerie“ in New York. // Woman in Gold | https://www.neuegalerie.org/womaningold

Fazit
Wie wir sehen, ist Gold mehr als nur ein Teil unserer Sozialisierung, es ist ein Teil der Menschheitsgeschichte. Es brachte Entwicklung, Glaube und Schönheit mit sich, aber auch die dunklen Seiten der Menschen hervor – dann, wenn aus: Machtstreben, Habgier und Eitelkeit selbst der wärmste Farbton erkaltet und der Mythos und

der gewachsene gute Glaube dem Machtinstrument und dessen von unsagbarem Leid geprägten Relativität weicht.
Gold begleitet seit Anbeginn der Zeit, seit der Geburtsstunde unseres Planeten, den Menschen. Es fördert Träume und Sehnsüchte, gibt Rückhalt und Sicherheit. Zeigt Wege auf und grenzt Wachstum ein. Somit nimmt es einen speziellen Platz in unseren Gedanken und letztendlich auch in unserem Tun ein. Es ist Mythos, Macht und Metall zugleich!

2 Goldgewinnung

2.1 Historie: Der Goldrausch

Gerade im 19. Jahrhundert ist der Mythos Gold auch für ein weiteres Phänomen verantwortlich. Für die Massenbewegung des Goldrausches und der Chance für einfache Arbeiter schnell zu einem reichen Mann zu werden. Es begann mit dem kalifornischen Goldrausch ab 1848. Belegt ist, dass in dieser Zeit der Amerikaner James W. Marshall (1810–1885) bei Bauarbeiten **das erste Goldnugget** fand und damit den heute noch berühmten Goldrausch auslöste.

Angesteckt von ihm und verstärkt durch eine Rede des US-amerikanischen Präsidenten James K. Polk (1795–1849) im Dezember 1848, in der dieser mittels der Goldfunde den amerikanisch-mexikanischen Krieg rechtfertigen wollte, kamen viele „Glücksritter" nach Kalifornien. Aufgrund der großen Menge von Goldsuchern kam es schnell zu Problemen der Infrastruktur (katastrophale hygienische Zustände) und es kam zu einem großen Häusermangel. So wuchsen Städte wie San Francisco innerhalb von wenigen Wochen um das 25-fache ihrer ursprünglichen Größe.

Exkurs | Gesundheitliche Folgen
Diese unkontrollierbare Dynamik brachte auch viele Krankheiten mit sich. So ist eine grassierende **Choleraepidemie** aus dem Jahre 1851 überliefert.
Während die Zuwandererzahl immer stärker anwuchs, verminderte sich die Einwohnerzahl der Native Americans drastisch. Heutige Zahlen belegen, dass die Anzahl der Einwohner von ca. 310.000 zuerst auf 150.000 Einwohner sank und im Jahre 1870 nur noch mit 31.000 gezählt wurde.[20] Sehr beklemmend erscheinen diese Zahlen vor allem vor dem Hintergrund, dass die Gesamtbevölkerung (ex Native Americans) von 92.000 Einwohner auf ca. 560.000 Einwohner im Jahr 1870 angestiegen war.[21] Doch woran lag diese Veränderung?

20 Vgl. Beckmann, Ted: Historical Sketch of the California Indians: Statehood, Harvey Mudd College 1997.

21 Vgl. US Census Bureau: Bevölkerungsschichten Kalifornien.

Diese Frage ist vielschichtig zu beantworten. Hauptsächlich sind nach der Auswertung heutiger Forschung, die mitgebrachten und somit eingeschleppten Krankheiten dafür verantwortlich gewesen. Diese sowie die massenhafte Vertreibung und Massakrierung zählen zu den Hauptgründen des Bevölkerungsschwundes der Native Americans.
Ein weiterer Einflussfaktor war die Freisetzung von großen Mengen an **Quecksilber**, welche durch die Gewinnung von Gold entstand. Der damals sehr sorglose Umgang mit dieser hoch toxischen Verbindung war katastrophal. Das Ergebnis waren vergiftete Flüsse und Seen. Die Goldsucher vergifteten, getrieben von ihrem Wahn schnell reich zu werden, ganze Landschaften und oftmals andere und sich selbst. Was für eine Parallele zu manch heutigem Industriekomplex.

Am Ende des Goldrausches waren nur wenige der ausgezogenen „Glücksritter" wirklich reich geworden. Viele waren, oft auch durch illegale Machenschaften verarmt oder ums Leben gekommen. So starb auch James W. Marshall, der erste zufällige „Glücksritter" völlig verarmt im Jahre 1885 in Kelsey, Kalifornien. Viele Händler und Kaufleute im Umfeld der Goldsucher profitierten jedoch von den Goldsuchern und wurden sehr wohlhabend. Die sich um die Goldsucher entwickelnden Industrien sind teilweise bis in die heutige Zeit noch vorhanden und wir haben die damals erfundenen Produkte wie selbstverständlich in unser heutiges Leben integriert, oftmals ohne zu wissen, woher diese kommen und welche geschichtliche Relevanz diese besitzen.

Exkurs | Die Jeans
Einer der Profiteure der Goldsucher schuf jedoch einen neuen Mythos: Eine der wahrscheinlich herausragenden Geschichten in diesem Zusammenhang ist die des **Levi Strauss**, welcher als Sohn jüdischer Eltern 1829 in Buttenheim bei Bamberg geboren wurde (als Löb Strauss) und in die USA ausgewandert war. Nach Jahren als Hausierer für Kurzwaren und Kleidung gilt er heute als der Erfinder einer sehr strapazierfähigen und lang haltenden Hose. Diese mit Indigo-Blau gefärbten und aus Denim bestehenden Kleidungsstücke gibt es auch heute noch. Und Sie sind ein feststehender Begriff geworden: die Jeans. Strauss starb 1902 in San Francisco.
Am Beispiel Levi Strauss' kann sehr schön verdeutlicht werden, wie wichtig die Ausstattung der Goldsucher war und wie schnell sich eine

ganze Industrie entwickelte. Dies ist wieder exemplarisch zu sehen, für alle großen Trends. Sobald ein solcher geboren wird, entwickeln sich darüber hinaus viele Zulieferungsfirmen, Dienstleistungen etc. Geschichtlich ist dies in vielen Aspekten belegt und kann auch in vielen anderen Industrien nachvollzogen werden. Denken Sie nur an die Erfindung des modernen Automobils durch Carl Benz (1844–1929) im Jahre 1885 oder das iPad durch die Firma Apple im Jahr 2010. Diese Entwicklung ist somit bis in die heutige Zeit geblieben.

Die große, heute vorhandene, mediale Wirkung von Gold kann auch als Fortführung des Goldrausches gesehen werden. Denn auch medial wird in der heutigen Zeit gerne mit dem Mythos Gold gespielt, was diesen wie einen Katalysator verstärkt und ihn via Fernseher in jedes Wohnzimmer überträgt.

Exkurs | Gold im Film
Ein herausragendes Beispiel ist dabei der Film Goldfinger (1964) aus der Reihe James Bond von Ian Fleming (1908–1964). Er spielt mit dem Mythos Gold als Machtinstrument, Gold als Zeichen der absoluten Überlegenheit, zeigt in seinem Ende jedoch auch, dass das Gute (dem, welchem das Gold von Anfang an rechtmäßig gehört) siegt. Im Film werden fast alle Register gezogen, von goldüberzogenen Schönheiten bis zum legendären Fort Knox, welches die Goldreserven der Vereinigten Staaten von Amerika im Auftrag des Schatzamtes verwahrt, wird alles gezeigt. Ganz 007-James Bond eben!

Wissen | Fort Knox
Fort Knox ist ein US-Stützpunkt im Bundesstaat Kentucky. Dort lagern im Auftrag des US-Schatzamtes die Goldreserven der Vereinigten Staaten von Amerika. Der Bau wurde notwendig, um die nationalen Staatsgoldreserven einzulagern und nach dem Goldverbot die Goldbarren sicher aufzubewahren. Nach Angaben der US Fed lagern derzeit ca. 4.580 Tonnen Gold in Fort Knox. Das komplette Gold befindet sich im Eigentum der USA. Das unterscheidet Fort Knox von anderen Goldaufbewahrungsstätten, wie zum Beispiel der Fed Bank of New York, wo zwar größere Mengen Gold lagern, jedoch hauptsächlich von ausländischen Eigentümern, Zentralbanken und Staaten.

Auch der Name des Protagonisten und Bösewichts zeigt einen Teil des Mythos auf: Auric Goldfinger. Im Vornamen ist bereits die Verbindung zu Aurum (Gold) enthalten und Goldfinger gibt einen deutlichen Hinweis auf die mystische Geschichte um König Midas, welcher alles, was er berührte in Gold verwandelte. Die Abrundung des Ganzen erlebt man im Titelsong zu Goldfinger. Hier singt Shirley Bassey (geboren 1937):

> „He's the man, the man with the Midas touch ...".

Die Darstellung des Bösewichts Goldfinger, welcher durch sein Handeln zum „Herrscher der Welt" avancieren will, hat Gert Fröbe (1913–1988) in einer derart überzeugenden Art und Weise gespielt, dass diese Darstellung heute noch als Meisterleistung für den „Wahn des Goldes" und sein unaufhörliches Rufen nach Macht gilt.

2.2 Goldvorkommen

Die Quelle des Edelmetalls

Gold kommt in der Erdkruste als goldhaltiges Gestein (Gold-Erze) und in einer weiteren Form als gediegenes Metall (Au) vor. Teilweise wird Gold in einer Tiefe von 4.000 Metern unter der Erdoberfläche abgebaut. Gold fällt oft beim Abbau von Kupfer, Nickel und anderen Edelmetallen als „Verunreinigungsprodukt" an. Der mittlere Goldgehalt der Erdkruste liegt bei ca. 0,002 bis 0,005 g/t. Dabei kommt dieses sowohl als sichtbares Aggregat wie auch fein verteilt in Mineralien vor. Dabei unterliegt das Gestein einem ständigen Wandel, welcher durch

- Magmen-Differentiation,
- Gesteinsverwitterung oder
- Verfrachtung von Sedimentgesteinen

in größere Erdtiefen verursacht ist.

Grundsätzlich unterscheidet man zwischen verschiedenen Goldlagerstätten:

- primäre Lagerstätten (Berg-Gold)
- sekundäre Lagerstätten (Wasch-Gold bzw. Seifen-Gold)

Bei der ersten Form der Lagerstätte befindet sich das Gold im Steinkörper, vorwiegend unterirdisch, und wird aus diesem ausgebrochen und gefördert. Ein Großteil des Goldes lagert dort. Man unterscheidet die Abbauorte nach den verschiedenen Sedimentschichten und kann diese dann einordnen. Je nach Einordnung ist eine Aussage über den Goldvorrat und den Aufwand zur Gewinnung von Gold möglich.

Die Goldlagerstätten

Die größten Goldlagerstätten der Welt und somit auch die größten und wichtigsten Goldabbaugebiete liegen

- im südlichen Afrika,
- in den USA,
- in Australien,
- in China,
- in Kanada,
- in Russland und
- in Peru.

Die Goldlager befinden sich i. d. R. unterirdisch und werden durch Minenaktivität abgebaut. Abbildung 1 zeigt die Länder nach Menge der noch nicht geförderten Goldreserven per Datenstand 2023 in Tonnen nochmals auf.

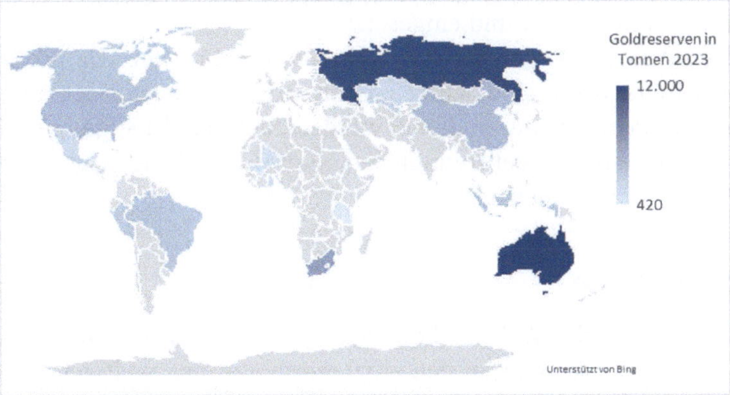

Abb. 1: Noch nicht geförderte Goldreserven weltweit nach Ländern 2023 in Tonnen[22]

22 Quelle: US Geological Survey. (2024). Goldreserven weltweit nach Ländern im Jahr 2023 (in Tonnen). Statista. Statista GmbH. Zugriff: 19. Januar 2025. https://de.statista.com/statistik/daten/studie/461142/umfrage/goldreserven-weltweit-nach-laendern/; Abbildung erstellt mit Microsoft Excel.

Wissen | Rohstoffgesicherte Währungen
Man spricht in den Ländern, wo Rohstoffe vorkommen sowie abgebaut werden, auch von rohstoffgesicherten Währungen, da diese durch die Bodenschätze gedeckt sind. Dies ist ein Grund dafür, dass in Krisenzeiten spezielle Währungen zusätzlich zu den klassischen Krisenwährungen eher gekauft werden als andere.

2.3 Goldbergbau

Historie: Goldbergbau als Handwerk

Bereits 3.000 vor Christus begannen die Menschen mit dem Abbau von Berg-Gold. Das damals noch sehr mühselige Zerreiben des Gesteins wurde von den Römern durch eine neue Spülbergwerkstechnik verfeinert. Aus dem Mittelalter sind so genannte Pochwerke zur Zerkleinerung des Gesteins bekannt.

Im aufkommenden 17. Jahrhundert wurden Salpeter- und Schwefelsäure zur Trennung genutzt und im Jahr 1878 die Raffinationselektrolyse eingeführt. Im Jahr 1887 wurde die Cyanid-Laugung erfunden und bis in die heutige Zeit weiterentwickelt und eingesetzt.

Das Gold wird in der Regel aus dem Gestein ausgebrochen. Da große Nuggets eher seltener Natur sind, wird ein Großteil des Goldes aus dem umgebenden Gestein gelöst. Unter anderem werden die Cyanid-Laugung und ein spezielles Bakterium (umweltfreundlicher als das Cyanid) eingesetzt, um an das wertvolle Metall zu gelangen.

Industrie: Die Minen

Eine der größten Mine der Welt ist die Grasberg-Mine in West-Papua, das zu Indonesien gehört. Sie zählt zu den effizientesten Minen weltweit. Die Grasberg-Mine wurde 1936 vom niederländischen Geologen Jean-Jacques Dozy entdeckt. Doch es sollte Jahre dauern, bis man damit begann, die Mine auszubauen und dort Gold und auch Kupfer abzubauen. Durch die komplexe geografische Lage der Mine und das unwägbare Gelände musste viel Zeit und Aufwand betrieben werden, ein Transportsystem zu schaffen. Dies zeigt, wie aufwendig und komplex Goldbergbau auch heute noch ist.

Wissen | Goldmine
Die Grasberg-Mine ist so groß, dass man sie ohne Weiteres auf Satellitenbildern aus dem Weltall erkennen kann. Der Durchmesser des Erdlochs beträgt ca. 1,5-2 km. Man kann also mit Fug und Recht behaupten, die Erde wurde angebohrt. Einhergehende Umweltverschmutzungen und starke Kritik in dieser Hinsicht begleiten die Abbauarbeiten seit Jahren. Eine Diskussion, der sich die Mienenbetreiber aktiv stellen müssen und wir als Gesellschaft auch.

Betrug die Goldförderung im Jahr 2010 noch ca. 2.500 Tonnen, so ist diese im Jahr 2018 bereits auf 3.332,2 Tonnen gesteigert geworden. Eine deutlich größere Nachfragesituation und damit eine positive Reaktion auf dem Weltmarkt machten diese deutliche Steigerung möglich. Dabei unterscheiden sich die einzelnen Förderstätten von deren Fördermenge und Kapazitäten.

Dabei ist es interessant zur wissen, dass schon im Jahr 2005 allein in der Grasberg-Mine ca. 72 Tonnen Gold gefördert wurden. Setzt man dies in Relation zum sonstigen Volumen, kann man eine gute Vorstellung von deren Größe und Explorationsmöglichkeit erhalten. Dass uns das Gold jedoch bald ausgehen wird, ist unwahrscheinlich. Denn neben den bekannten Goldlagern, befinden sich auch noch nicht erforschte Möglichkeiten auf der Erde. Dennoch ist Gold selten und daher begründet sich dessen Funktion und Mythos.

Wissen | Goldnugget
Übrigens, das größte Goldnugget, das je gefunden wurde, wog 72 kg und wurde im Jahr 1869 von John Denson und Richard Oates ca. 200 km nordwestlich von Melbourne entdeckt. Es wurde auf den Namen Welcome Stranger getauft. Schon sehr eindrucksvoll und fast wie im Roman – hier nun doch Wirklichkeit.

Exkurs | Die tiefste Goldmine der Welt
Wie die Wirtschaftswoche in ihrer Ausgabe vom 16.4.2012 berichtet, liegt die tiefste Goldmine der Welt in Südafrika ca.
4 km unter der Erde. Ein Aufzug, welcher 25 km/h schnell ist, braucht folglich 16 Minuten, um vom obersten zum untersten Punkt zu gelangen. Weiter wird berichtet, dass bereits seit Menschengedenken 166.000 Tonnen Gold aus der Erde gewonnen wurden.

Wissen | Reinheit des Goldes
Reines Gold trägt heute einen Prägestempel von 999,9 oder 24 Karat. Damit wird angegeben, dass es sich um das reinste und feinste produzierbare Gold handelt. Die in der Schmuckindustrie meistverwendeten Goldfeinheiten 585 und 333 haben 14 und 8 Karat. Die Feinheitsskala kommt daher, da damit ausgedrückt wird, wie viel Prozent Goldanteil wirklich vorhanden sind. Bei 999,9 folglich 99,9 Prozent. Bei 333 sind dies nur noch 33,3 Prozent.[23]

Umweltprobleme

Immer wieder werden in den Medien die massiven Einflüsse auf die Umwelt durch den Goldbergbau und das sonstige Minentreiben thematisiert. Wie gravierend diese sind, zeigen erschreckende Statistiken von Umweltorganisationen auf. Dies hat dazu geführt, dass sich die Minenindustrie Alternativen überlegen musste. Denn gerade die Aufbereitungsverfahren, in welchen

- Cyanid,
- Quecksilber und
- andere Schwermetalle

Verwendung finden und somit freigesetzt werden, sind durch technische Verbesserungen effizienter und umweltfreundlicher geworden. Wenn auch die Umweltproblematik in vielen Ländern gleich bleibt, durch Maßnahmen im Umweltmanagement und in den Umweltrechten wurden die Minenbetreiber von den Regierungen zu einem Umdenken angeregt. Doch aufgrund der fehlenden Alternativen scheint es hier nur eine partielle Besserung zu geben.

Eine wirkliche Alternative zur Cyanid-Auswaschung von geringen Goldanteilen aus dem Gestein ist noch nicht gefunden. Daher ist diese derzeit die am meisten eingesetzte Methode zur Goldgewinnung. Wirtschaftlich gesehen handelt es sich um ein konkurrenzloses Verfahren, betrachtet man jedoch die Langzeitfolgen, so kommen hier schnell Zweifel auf. Gerade vor

23 Vgl. Krämer, Birgit: Kompendium Goldenes Wissen, Commerzbank AG (2013).

diesem Hintergrund und auch den teilweise unmenschlichen Bedingungen in den Minen, ist ein nachhaltiges Fördern unabdingbar.

Ein weiterer Aspekt, welcher im Zusammenhang mit den Umwelteinflüssen oft vergessen wird, ist die Auswirkung des Erzabbaus im Tiefbau. Diese kommen sowohl unter Tage wie auch an der Oberfläche zum Tragen. Unter Tage sind dies vor allem

- Störungen im Grundwasserfluss,
- Veränderungen der Grundwasserqualität und
- Veränderungen des Gesteinsverbandes.

Über Tage sind Sekundäreffekte zu erkennen. Durch Grubenentlüftung, Grubenentwässerung und Flächenverbrauch wird in die Natur eingegriffen. Durch den gravierenden Eingriff des Menschen in das natürliche Ökosystem kommt es auch zu Störungen der Pflanzen- und Tierwelt. Gerade durch Grundwasserveränderungen kann dies gravierenden Einfluss haben.[24]

Wie man erkennen kann, gibt es durch den Abbau von Gold sowohl direkte als auch indirekte Einflüsse auf das Ökosystem und letztendlich auch auf den Menschen.

Wissen | Gifte bei der Goldgewinnung

Durch den Einsatz von Cyanid und Quecksilber kann es auch zu Verunreinigungen im Grundwasser und folglich auch zu Vergiftungen der Umwelt kommen. Diese können sich nachhaltig auf den Fischbestand und die anderen Lebensformen ausweiten. Denn die Tierarten sind diese Vergiftung unmittelbar ausgesetzt. Ein weiteres Thema ist, die Nahrungskette. Werden diese Tiere von anderen Tieren oder auch dem Menschen gegessen, gelangen die Anreicherungen in eine weiter fortschreitende Nahrungskette und sind somit für eine noch weitere Verbreitung verantwortlich. Aus einem isolierten Ereignis wird ein weitreichendes und durch evtl. Exporttransaktionen sogar globales Geschehen.

Untersuchungen in Brasilien ergaben hier deutlich gestiegene Werte.[25] Dies trifft vor allem Bevölkerungsschichten, welche sich ausschließlich oder hauptsächlich aus ihrer näheren Umgebung ernähren und für die

24 Vgl. Wieting, Jens: Umweltmanagement des Goldbergbaus in Nicaragua.
25 Quelle: Malm et. al. 1990 und Mathis Rehaag, S. 148 ff.

Flussfische eine der wichtigsten Eiweißquellen darstellen.[26] Es ist jedoch nicht ausgeschlossen, dass die Konzentration sich durch verschiedene Nahrungsaufnahmen und Weitergaben verteilt und dadurch ein deutlich größeres Gebiet als das unmittelbar Umgebende betroffen ist.

Arbeitsplatz Goldmine

Nach Angaben des World Gold Council arbeiteten 2011 ca. 100 Mio. Menschen in der Goldproduktion. Damit ist die Goldproduktion ein wichtiger Arbeitgeber und der Versorgungszweig für unzählige Familien. Dabei wurden in den vergangenen Jahren immer wieder die schlechten Arbeitsbedingungen in den Medien thematisiert.

Exkurs | Kinderarbeit
Auch wurde berichtet, dass allein in der Mongolei ca. 8.000 Kinder[27] in den Goldminen des Landes arbeiten. Die Zahlen wurden von der International Labour Organisation (ILO) erhoben und stammen aus dem Jahr 2006. Dieser Missstand wurde in den vergangenen Jahren mehrfach thematisiert, hat sich jedoch noch nicht verändert. Die Arbeitsbedingungen sind schlecht und die gesundheitlichen Folgen oft fatal.
Im Jahr 2011 veröffentlichte die Menschenrechtsorganisation Human Rights Watch einen Bericht, demnach mindestens 20.000 Kinder in malischen Goldminen arbeiten würden. Auch aus anderen Regionen ereilen die westlichen Medien ähnliche Zahlen. Daher kann bei der Beschäftigung in der Goldabbauindustrie derzeit davon ausgegangen werden, dass diese grundsätzlich nicht den unsrigen Vorstellungen von werteorientierten Anstellungsverhältnissen entspricht. Sowohl die Sicherheitsvorstellungen, Vorstellungen zum Arbeitsschutz und zur Arbeitszeit wie auch das Thema Kinderarbeit differieren hier deutlich von den westeuropäischen Vorstellungen und Werten.

26 Vgl. Hentschel et al. 1990.
27 Quelle: Deutsche Welle: Goldkinder – Kinderarbeit in den mongolischen Goldminen.

Die drei Entwicklungsphasen beim Aufbau einer neuen Mine[28]

Phase 1: Die Exploration

- Explorationsunternehmen sind mit dem Aufsuchen (der eigentlichen Exploration) von Rohstoffvorkommen beschäftigt.
- Neue Rohstoffvorkommen werden entdeckt und erschlossen.
- Die Kosten für die Exploration sind sehr hoch und müssen im Endeffekt durch einen Erfolg getragen werden.
- Die durchschnittlichen Produktionskosten pro Unze Gold sind hoch und müssen durch den Verkaufspreis mehr als gedeckt sein, denn es kommt ja noch zu weiteren Kosten, die im Zusammenhang mit dem Verkauf stehen. 2018 betrugen allein die durchschnittlichen Produktionskosten (gerechnet aus den weltweiten Daten) pro Unze Gold 897 USD.[29]

Phase 2: Die Entwicklung der Mine

- Machbarkeitsstudien, Umweltstudien und Berechnungen der Wirtschaftlichkeit werden in Auftrag gegeben und durchgeführt.
- Die Projektfinanzierungen inkl. des Einwerbens von Eigenkapital und Fremdkapital und von Partnern sowie das Schließen von Abnahmeverträgen werden durchgeführt.
- Aufbau von Personal und Infrastruktur. Die Infrastruktur nimmt hier sehr viel Zeit in Anspruch, da auch große bauliche Veränderungen geleistet werden müssen.

Phase 3: Die Produktion

- Wenn alle in Phase 1 und 2 angerissenen Faktoren zu einem positiven Ende gekommen sind, beginnt die Produktion in der Mine.
- Erst ab jetzt beginnen die Investitionen in die Mine zu arbeiten. Dabei ist zu beachten, dass vom Auffinden eines Minenfeldes bis zur Produktion im günstigsten Fall 3 bis 4 Jahre, im Normalfall jedoch 6 bis 10 Jahre vergehen.

---

28 Vgl. Basiswissen Rohstoffe.
29 Quelle: Thomson Reuters; zur Verfügung gestellt über STATISTA.

Weitere Gewinnungsverfahren

Wissen | Bakterien produzieren Gold

Es war eine Sensation, als im Magazin „Proceedings of the National Academy of Sciences (PNAS)" eine Gruppe von Forschern um den Australier Frank Reith berichteten, sie hätten ein Bakterium gefunden, dass Gold produziert. Was wie Phantasterei klingt, ist real geworden. Das Bakterium Cupriavidus metallidurans kann giftige Goldverbindungen biochemisch entgiften und produziert somit im Inneren elementares Gold. Diese Tatsache kann nun zum Aufspüren von Goldvorkommen genutzt werden. Haben die Forscher recht, so wäre es der erste Biosensor, welcher funktionieren würde.[30]

Auch wird Amalgam zur Auslösung eingesetzt. Dabei wird das goldtragende Geröll mit Quecksilber versetzt.

Quecksilber bildet zusammen mit dem Gold **Amalgam**, eine Legierung, die man absondern kann. Aufgrund des äußerst umweltschädlichen Prozesses, welcher auch Quecksilber freisetzt, ist dieses Verfahren sehr umstritten. Auch bei der Cyanid-Laugung, in der Gold chemisch gebunden und dann durch Filtration[31] gewonnen wird, entweichen giftige Cyanid-Dämpfe in die Umwelt. Zwar kann die Lauge mehrfach verwendet werden, jedoch hebt dies den schweren Umweltaspekt nicht auf.

Wissen | Die Cyanid-Laugung

Rund 70 Prozent der Weltgoldproduktion werden mittels des Cyanid-Laugungsverfahrens gewonnen. Unter Rühren werden dabei die Erze zunächst in mehreren Stufen vermahlen. Durch Zugabe von Kalk wird der pH-Wert von 10 bis 11,5 erzeugt und die Masse verdickt. Danach wird die Laugung initiiert. Dabei gibt es verschiedene Verfahren, welche je nach Gesteinszusammensetzung eingesetzt werden.

Das in den Abraumhalden nach der Auswaschung übrigbleibende Gestein enthält hohe Anteile von Cyanid, welches durch Staub und Ausdämpfung unkontrolliert freigesetzt wird.

30 Vgl. Czichos, Joachim „Goldige Bakterien", Wissenschaft aktuell.
31 Vereinfachte Darstellung.

Eine weitere, sehr verbreitete Methode ist das **Anoden-Schlemm-Verfahren**, welches durch Elektrolyse das edle Gold auslöst. Neben Gold fallen noch andere Edelmetalle wie Silber an, welche in einem weiteren Produktionsschritt ausgelöst werden können.

Alle diese Verfahren (die aufgrund der Komplexität nur rudimentär beschrieben worden sind) sind sehr aufwendig und schwierig. Anders und einfacher ist dies bei Wasch- oder Seifengold. Man spricht hier von Goldpartikeln, die durch Auswaschung in Flüssen zu finden sind.

Durch den Verwitterungsprozess geben die Gesteinsschichten diese frei und das Wasser führt sie mit sich. Mit Hilfe eines Sichertrogs wird das Metall aus dem Wasser gefiltert und gefischt. Alternativ kommen auch sogenannte Waschriffe zum Einsatz, durch die das Wasser geleitet wird. Diese sind zum Beispiel mit Schafsfellen ausgelegt und filtern somit das Gold heraus. Jedoch ist der Gehalt von solchen Goldpartikeln im Vergleich zu unter Tage abgebauten Goldmengen verschwindend gering. Wenn die hier entstehenden Bilder auch den Mythos vom Goldabbau mitgeprägt haben.

Wissen | Das Goldene Vlies
Der griechischen Mythologie zufolge handelte es sich dabei um das Fell des goldenen Widders Chrysomallos, der sowohl sprechen wie auch fliegen konnte. Der Mythos begründet sich wohl darauf, dass früher Schafsfell dafür verwendet wurde, Gold aus den Flüssen zu waschen. Die Goldpartikel verfingen sind dabei im Fell und ließen dieses goldfarben schimmern. Im Jahr 1430 stiftete Philipp der Gute, Herzog von Burgund, den Orden vom Goldenen Vlies, den es bis zum heutigen Tage gibt. Er galt lange Zeit als Hausorden des Hauses Habsburg.
Daher ist die romantische Vorstellung vom Goldauswaschen an Flüssen eher etwas für die romantischen Leinwandabenteuer der Kinoindustrie.
Exploration ist die Grundlage für eine zukünftige Rohstoffversorgung und den zukünftigen Wohlstand

Ohne anhaltende Explorationstätigkeiten würden keine neuen Rohstoffvorkommen gefunden werden. Da diese jedoch für unsere wirtschaftliche Entwicklung immanent wichtig sind, ist der Ausbau von Explorationsexpeditionen ebenfalls von großer Wichtigkeit. Diese rechnen sich für die Minenunternehmen jedoch immer erst ab einem gewissen Grenzkostensatz des gesuchten Rohstoffes.

Daher kommt auch die Entwicklung, dass die Explorationstätigkeiten in den Jahren mit niedrigem Goldpreis deutlich rückläufig waren. Da auch bei gestiegenem Goldpreis der Abbau nicht sofort gesteigert werden kann, kommt es zu einem zeitlichen Versatz zwischen Nachfrage und Produktion.

Das Gold-Recycling

Natürlich kann Gold recycelt werden. Man spricht dann von so genanntem Altgold. Da Gold, egal wie es verarbeitet wurde, immer seine Ursprungseigenschaften behält, kann es wiederverwendet werden. Natürlich lohnt es sich nicht, wenn man Kleinstmengen aus Leiterplatten wiederverwenden möchte. Sehr stark wird in der Zahngoldindustrie und im Schmuckbereich mit Gold als wiederverwendbarem Rohstoff gearbeitet. So kann es gut sein, dass der Ring, den Sie am Finger tragen, aus Gold gefertigt ist, das bereits die alten Pharaonen im Gebrauch hatten. Da Gold jederzeit eingeschmolzen und neu verarbeitet werden kann, ohne sich dabei nur im Ansatz zu verändern, ist dies technisch kein Problem.

Würde man eine Unze Gold zu einem Draht spinnen, würde dieser ca. 55 Meilen lang werden.[32] Nach dem Einschmelzen wäre die gegossene Unze jederzeit wieder herstellbar. Das Gold würde sich bei diesem Vorgang nicht verändern. Im Jahr 2023 kamen so 25,3 Prozent des gesamten Weltmarktangebots aus Recycling-Gold. Im Verhältnis zum Jahr 2012 mit 36 Prozent Anteil ist dies deutlich weniger. Jedoch ist dieser Trend seit Jahren (ab 2013) stabil auf diesem Niveau und kann so als Normalwert (+/-1,5 Prozent) angesehen werden.[33]

Exkurs | Goldstadt Pforzheim

Eigentlich ist die zwischen Stuttgart und Karlsruhe gelegene Stadt erst auf den zweiten Blick als das zu erkennen, was sie wirklich ist: Die Heimstätte für einen Großteil aller in Deutschland hergestellten Schmucks (ca. 70 Prozent)[34] und die „goldene Pforte zum Schwarzwald". Neben großen Versandhandelshäusern hat die Schmuckindustrie in Pforzheim den Hauptindustriestellenwert. Somit sind die Goldnachfra-

32 Quelle: ICE Benchmark Administration; Metals Focus; World Gold Council, Statista.
33 Quelle: World Gold Council.
34 Quelle: Stadt Pforzheim.

gen, welche aus der Stadt Pforzheim auf den Markt kommen, mitunter die größten in Europa.

Die Goldgewinnung aus Meerwasser

Im Jahr 1920 kam die Idee auf, aus Meerwasser Gold zu gewinnen. Fritz Haber (1868–1934) hatte diesen Einfall, um damit die deutschen Reparationszahlungen nach dem Ersten Weltkrieg bezahlen zu können.[35] Da die Ausbeute jedoch wirtschaftlich so gering war, wurde von der Idee alsbald abgelassen. Interessant ist jedoch, berechnet man aus der vorhandenen Menge an Salzwasser die Goldvorräte, so kann man daraus schlussfolgern, dass das in Chlorid-Komplexen gelöste Gold im Salzwasser der Ozeane die größte Goldreserve der Welt ist.

Die Goldsynthese

Jahrhunderte lang suchten die Menschen nach dem Stein der Weisen: Nach einem Verfahren, das Gold künstlich herzustellen vermochte. Doch was die Alchemisten des Mittelalters nicht wussten, ist, dass Gold bei Kernkollapsen von Supernovae entstanden ist – und dies lange bevor unsere Sonne entstand. Durch den Einsatz von Kernfusion wäre es nun heute durchaus möglich, durch **Transmutation** Gold künstlich zu erzeugen. Dabei wäre es denkbar, Platin oder Quecksilber zu mutieren. Da Platin ebenfalls sehr teuer ist, schließt sich dieses Vorgehen aus. Bei Quecksilber würde es sich eher wirtschaftlich lohnen. Da jedoch der Aufwand so kostenintensiv ist und zudem eine hochkomplexe Verfahrensfolge aufweisen würde, ist ein künstliches Generieren von Gold nicht wirtschaftlich darstellbar.

Mit der Transmutation geht der alte Wunsch der Alchemisten nun doch noch in Erfüllung, einen Weg zu finden, Gold technisch herzustellen. Da dieses Gold jedoch bei Weitem alle Preise der Bergbaugewinnung überschreiten würde, wird dem prinzipiellen Traum eine natürliche ökonomische Grenze gesetzt.

35 Quelle: Hahn Ralf, 1999: Gold aus dem Meer. Die Forschungen des Nobelpreisträgers Fritz Haber in den Jahren zwischen 1922 und 1927.

2.4 Der Wert des Goldes

Angebotsseite: Die Goldproduzenten

Wie wir bereits aufgezeigt haben, sind Asien gefolgt von Afrika und Nordamerika die Standorte, die als meistfördernde Goldexplorationen gelten. Dabei hat gerade in den vergangenen Jahrzehnten Asien deutlich zugenommen. Dies gilt jedoch nicht nur für die Exploration, also die Förderung von Gold, sondern auch für dessen Nachfrage. Durch das Entwickeln großer Bevölkerungsschichten wurden hier neue große Nachfragemärkte geschaffen, welche es auf der anderen Seite auch bedingen, dass es sich lohnt Produktionsstätten aufzubauen und diese zu betreiben.

Betrachtet man die weltweite Minenproduktion, so kann man seit 2008 einen deutlichen Anstieg dieser feststellen. Dies ist unter anderem der weltweiten Finanz- und Wirtschaftskrise zu Grunde zu legen, welche zum einen die Investitionsarten der Investoren verändert hat und zum anderen ein neues Bedürfnis für eine haptische und werterhaltende Anlageform zu Tage gefördert hat. Der Blickwinkel vieler Investoren wurde breiter und das Bedürfnis, neben Equity und Bonds, sowie allerlei im Financial Engineering dargestellten Investitionsmethoden, auch in Gold als „ewiges Investment" zu investieren. Gold kommt somit seinem langfristigen Anlagecharakter nach, nicht nur in Krisenzeiten, sondern weit über diesen hinaus ein gefragtes Investment zu sein.

Die Nachfrageseite: Veränderungen

Die Goldnachfrage hat sich verändert und ist vielschichtiger geworden. Wie bereits aufgezeigt, sind neben der Schmuckindustrie und dem Investmentbereich heute vor allem auch technologische Erzeugnisse bzw. deren Hersteller zu großen und stabilen Goldnachfrager geworden. Dies kann man auch an den Nachfragevolumina erkennen: Während in den anderen Bereichen eine deutliche höhere Volatilität in der Nachfrage besteht, ist die Nachfrage aus dem Technologiebereich annähernd stabil und konstant.

Die Nachfragemenge aus den öffentlichen Sektoren ist auch auf die Finanz- und Wirtschaftskrise zurückzuführen. Die seit dieser Zeit einhergehende Veränderung in der Fiskalpolitik ist auch hier zu erkennen.

Die Entwicklungen der vergangenen Jahre haben uns gezeigt, wie wichtig die fortschreitende Digitalisierung unserer Welt ist. Sie haben uns aber auch aufgezeigt, wie viel hier noch entstehen kann. Jedoch muss auch betrachtet werden, dass dies nicht automatisch eine höhere Nachfrage nach Gold voraussetzt, da die Industrie hier selbstverständlich auch anderen Substanzen verarbeitet und diese zum Einsatz kommen. Wie maßgeblich jedoch die Nachfrage für technologische Produkte ist, zeigt die Nachfragemenge dieses Sektors auf.

So wurden im Jahr 2018 288 Tonnen Gold für den Elektronikgebrauch nachgefragt. Die gesamte Nachfragemenge des Industrie-Sektors lag bei 391 Tonnen Gold.[36]

> **Exkurs | Pandemie und Digitalisierung**
> Im Zuge der COVID-19-Pandemie haben wir eine deutliche Beschleunigung von Prozessen und Vorgängen im Bereich der Digitalisierung und der Verschiebung von physischen Prozessen hin zu digitalen Prozessen erlebt. Dies hat neben der Tatsache, dass neue Technologien angeschafft und eingeführt werden mussten, auch einen weitreichenden nachhaltigen Veränderungszyklus in Gang gesetzt, welcher unsere Art zu Leben und zu Arbeiten langfristig verändern wird. Was wir als New Work nun wie selbstverständlich kennen und integrieren wäre ohne die Notwendigkeit wahrscheinlich erst über einen sehr langen und schleichenden Prozess implementiert worden. Auch wenn Firmen heute viele Diskussionen über „Work From Home“ führen, ist es doch ein Teil der Errungenschaften einer modernen Arbeitswelt.

Status und Werterhalt

Gute und friedliche Zeiten werden unter anderem oft als goldenes Zeitalter bezeichnet, und auch heute verfolgen Menschen das Ziel, Gold als Statussymbol und Erhalt des eigenen Vermögens zu besitzen. Denn bis in die moderne Zeit gilt, Gold stellt das einzige haptische Wertaufbewahrungsmittel dar. Es ist beliebig teilbar, einschmelzbar und behält dennoch immer seinen Wert.

36 Quelle: Thomson Reuters; GMFS.

Exkurs | Brot und Gold

Zu Zeiten des sagenumwobenen Königs Nebukadnezar II. (640–562 vor Christus) lag nach Angaben von Wissenschaftlern der Wert für eine Unze Gold bei 350 Broten. Im Jahr 2009 lag der Goldpreis umgerechnet in Euro bei 770,00. Ein Brot kostete durchschnittlich und umgerechnet ca. 2,20 Euro. Man bekam folglich 350 Laibe Brot für eine Unze Gold. Im Jahr 2012 kostet ein Laib Brot ungefähr 3,50 Euro. Der Goldpreis ist jedoch auch gestiegen. Bei 1.300 Euro entspricht das 371 Laiben Brot. Der Gegenwert hat sich also stabil gehalten, wenn auch die restlichen Märkte deutlichen Schwankungen unterlagen. Somit ist das Metall heute noch im gleichen Wert anzusetzen, wie dies bereits vor über 2.600 Jahren der Fall war.[37] Im Jahr 2020 kostet nun ein Brot immer noch zwischen ca. 3,50 und 4,00 Euro. Ausnahmen gibt es hier natürlich auch. Man kann also schlussfolgern, gegenüber 2009 ist der Brotpreis recht stabil geblieben. Der Preis für Gold hat jedoch, wie schon besprochen, etwas angezogen. Legen wir den Preis pro Unze mit 1.935 USD zu Grunde und rechnen diesen in Euro um, so ergibt dies einen Euro Preis von 1.567,94 pro Feinunze. Wir erhalten nun (bei 4 Euro pro Brotlaib) 392 Laibe Brot. Auch diese Zeitperiode zeigt, dass die Stabilität gegeben ist.[38]

Wissen | Goldmaterialwert versus idealistischer Wert

Bei wertvollen Gegenständen ist es oft so, dass zusätzlich zum meist hohen Materialwert ein noch höherer ideeller und emotionaler Wert hinzukommt. Daher ist eine wertvolle Kunstinvestition oder eine Goldinvestition, welche nicht nur in Barren erfolgt, nicht einfach nach dem Materialwert zu beurteilen. Ein häufig deutlich höherer ideeller und emotionaler Wert wird beigemessen, so zum Beispiel bei wertvollen Schmuck- oder Kunstgegenständen.

---

37 Vgl. Sedlmaier, Hans: Focus 5.3.2009.

38 Quelle Kursdaten: REFINITIV; es wurde kaufmännisch gerundet; XAU, EUR/USD, 06.01.2021.

Der Preis

Gerade die großen Krisen der vergangenen Jahrzehnte, begonnen mit der Subprime-Krise in den USA über die weltweite Bankenkrise, welche ihren katalytischen Höhepunkt im Untergang der amerikanischen Investmentbank Lehman Brothers fand, bis hin zur Staatsschuldenkrise der Mittelmeeranrainerstaaten verdeutlichen die Werthaltigkeit von Gold wie kaum etwas anderes vorher. Und auch während der großen weltweiten Pandemie, welche unter den unscheinbaren Namen COVID-19 in die Geschichtsbücher eingegangen ist, kam es wieder deutlich zu Tage.

Der moderne **homo oeconomicus** klammert sich an alte bewährte Wertaufbewahrungsmittel, da alle anderen von ihm in einem Prozess der „Creatio ex nihilo" geschaffenen, real nichts an Wert besitzen. Getragen von einer Rückbesinnung, einer Renaissance, auf die Werthaltigkeit, kommt Gold wieder ein gesteigertes Interesse zu. Hat man Goldinvestoren in den Zeiten von Börsenbooms eher belächelt und als ewig gestrig abgestraft, so triumphieren diese in schwierigen Zeiten. Auch als die Zentralbanken, weltweit, eine ultraexpansive Geldpolitik verfolgten, war Gold in guten und sehr guten Börsenphasen ein wichtiger und attraktiver Partner und ein substanzieller Bestandteil im Gesamtportfolio von Investoren geworden. Denn dadurch ließ und lässt sich die Risikogewichtung modellieren.

Wissen | Die Goldmenge
Dabei muss einem immer bewusst sein, dass alle Investition in Gold begrenzt sind. Denn alles bislang geförderte Gold würde zusammengepresst nur einen Würfel ergeben, welcher ca. 21,71 Meter Kantenlänge (Stand: Jahresende 2019) hätte.[39]
Dieser würde ohne Weiteres unter die Halbbögen des in Paris stehenden Eiffelturms passen, ohne anzustoßen. Setzt man diese relativ geringe Menge in Relation zu der sich im Umlauf befindlichen riesigen Menge an Papiergeld, wird einem sehr schnell die große und tiefgreifende Bedeutung von Gold klar. Es ist schlicht eine Frage des knappen Angebotes.

Ganz klar führt uns dieses Bild vor Augen, dass es viel weniger Gold gibt, als dass alle Menschen davon profitieren könnten. Dies nährt den Mythos

39 Quelle: Gold.de; veröffentlicht über STATISTA.

Gold noch stärker. Diese absolute Knappheit des physischen Goldes trägt zur Kraft und Stärke bei, welche das ewig glänzende Metall ausstrahlt.

Des Weiteren treten mehrere Nachfrager, wie zum Beispiel Zentralbanken, am Markt auf. Diese verfolgen währungs- und geldpolitische Ziele. Sie kaufen Gold als haptisches Gut und als Gegengewicht zum ausgegebenen und gedruckten Papiergeld. Sie kaufen sich mit dem physischen Gold eine Sicherheit für das eigene geschaffene Geld (Fiat-Money). Dabei geht es den Zentralbanken mit ihrer Investition in physisches Gold darum, eine Geldwertstabilität zu erreichen.

Die zeitweise sehr expansive **Geldpolitik** der FED und auch der EZB hat in den vergangenen Jahren einige grundlegende Verschiebungen mit sich gebracht. Denn das Einführen von Negativverzinsungen und das bewusste Fluten des Marktes mit Liquidität wären noch vor einem Jahrzehnt undenkbar gewesen. Doch nur durch diese Maßnahmen konnte so viel Zeit gewonnen werden, dass die einzelnen Staaten deren „Hausaufgaben" machen konnten, oder zumindest Luft zum Atmen bekamen, damit es nicht zu einer tiefgreifenden und ausladenden Wirtschafts- und somit auch verbundenen Sozialkrise gekommen ist.

Abbildung 2 zeigt den EZB-Zins für die Deposit Facility auf und somit die Phasen der Negativverzinsung sowie die Entwicklung in diese und aus dieser heraus.

Abb. 2: EZB Deposit Facility[40]

40 Quelle: Bloomberg.

Teil II
Gold innerhalb der Finanzwelt

3 Goldpreis und Goldhandel

3.1 Die Goldpreisbildung

Der Goldpreis bildet sich durch Angebot und Nachfrage in einem offenen Markt. Im 17. Jahrhundert wurde dazu der **London Bullion Market** gegründet. Im Jahr 1919 einigte man sich dann darauf, das **Goldpreisfixing** einmal formal festzustellen (um 10:30 Londoner Zeit). Im Jahr 1968 kam ein zweites Fixing um 15:00 Uhr Londoner Zeit dazu, um den US-Markt, welcher zu dieser Zeit eröffnet, eine Preisindikation zu geben.

Neben diesen Goldfixings gibt es heute auch fortlaufende Goldpreise, welche außerhalb des Fixings festgestellt werden. Es gibt folglich zwei Preismodelle:

- Fixing Market
- Floating Market.

Gold wird auch an den **Terminbörsen** mit deren hohen Liquiditätsansprüchen und Transparenz gehandelt. Dies ermöglicht es den Handelsteilnehmern in jeglicher Art und Weise am Handel teilzuhaben, vorausgesetzt, sie bringen die notwendige Bonität, Größenordnung und Eignung für den Handel mit.

Wissen | XAU
Gold ist eine offizielle Währung und Edelmetall und trägt als Währungskürzel nach ISO 4217 die Bezeichnung XAU.

Wie sich der Goldpreis in den vergangenen Jahrzehnten verändert hat, kann man sehr gute der Abbildung 3 entnehmen. Sie zeigt den Goldpreis auf täglicher Basis von Ende 1920 bis Ende 2024 in USD auf. Ganz deutlich ist zu erkennen, dass der Goldpreis im Zuge der Freigaben der Währungen (Aufhebung der Goldpreisbindung der Währungen) und der Ausweitung der Geldmenge deutlich an Gewicht gewann.

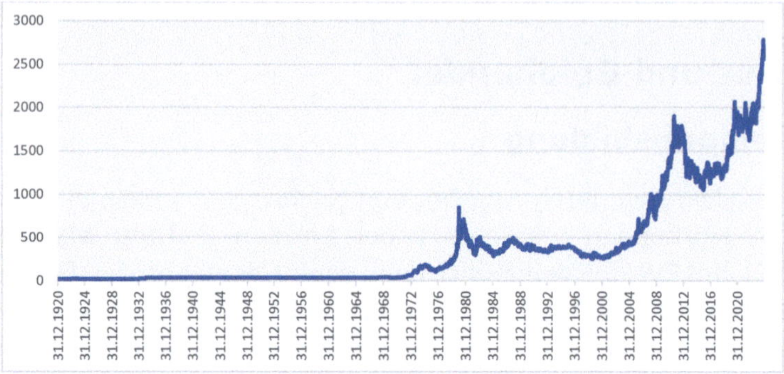

Abb. 3: Goldpreis von Ende 1920 bis Ende 2024[41]

3.2 Der Goldankauf

In Zeiten, in denen Gold ein gefragtes Anlagegut ist und sich somit auch in aller Munde befindet, sprießen Goldankaufstationen aus dem Boden wie die Pilze. So wird in den Medien für Goldankauf geworben. Es handelt sich dabei um Goldhändler, die das Altgold ankaufen und es dann entweder weiterverkaufen oder selbst einschmelzen. Dies ist an sich ein altes Gewerbe.

Hinweis
Es gilt hier nur darauf zu achten, dass auch alles korrekt abgewickelt wird, es ein seriöser Anbieter ist und man einen guten und korrekten Preis für die Goldschmuckstücke etc. erhält. Ist man sich nicht sicher, so sollte man lieber eine zweite oder dritte Meinung einholen. Panikverkäufe nach dem Motto: „So viel bekomme ich dafür nie mehr wieder“, sind meist völlig unangebracht. Es ist immer alles eine Frage des zeitlichen Rahmens und dessen Dimensionalität. Hilfreich ist es auf jeden Fall selbst einen eigenen Referenzpreis zu rechnen. Hierbei nimmt man den Grammpreis Gold und verrechnet diesen mit der angebotenen Ware. Bitte beachten Sie dabei, dass der Reinheitsgrad des Goldes entscheidend ist. Denn nur so kommen Sie auf den wahren Goldgehalt.

41 Quelle: Bloomberg.

Bei einem Investment wie bei Gold ist es keine Frage des Tradings (zumindest nicht im physischen Bereich). Gold gilt hier als Bodensatzinvestment und sollte als ein solches auch verstanden werden.

Des Weiteren ist darauf zu achten, dass viele Stücke, vor allem Familienerbstücke, einen höheren Wert als den reinen Goldpreis haben. Neben einem nicht zu bemessenden imaginären und emotionalen Wert haben diese meist auch noch einen anderen mit dem Stück verbundenen Wert, welchen eher ein Juwelier einschätzen kann. So ist so manche Kette aus Großmutters Zeiten mehr wert, als der Goldwert materiell symbolisiert.

Hinweis
Und man sollte sich an dieser Stelle immer die Gedanken machen, ob das was man nun als Kaufkraft durch einen Verkauf erhält wirklich das widerspiegelt, was man selbst als Wert für sich und gegebenenfalls auch für nachfolgende Generationen sieht. Denn oftmals ist das Erhalten und Weitergeben von solchen „Schätzen" von größerer Bedeutung und Werthaftigkeit als die schnell im Konsum untergegangenen Verkaufserlöse.

3.3 Warum sind Banken Goldhändler?

Die Antwort ist recht einfach, weil Gold auch gleichzeitig ein Zahlungsmittel und somit Geld ist. Eine Bank handelt mit allem, was sich um das Thema Geld und Geldanlagen dreht und somit auch traditionell mit Gold. Dabei ist die Institution des Goldhandels eine der schönen Traditionen die Banken haben. Fußen physische Goldtransaktionen doch auf uralten Traditionen und führen somit zurück zu den Gründungsjahren unserer Banken, die das Fundament unserer liquiden Welt bilden.

Handeln auch fremde Banken Gold für mich?

Diese Frage kann man nicht so schnell und abschließend beantworten. Denn dies kommt auf die Firmenpolitik des Hauses an. Am einfachsten werden Sie selbstverständlich bei Ihrer Hausbank zum Ziel kommen. Doch auch hier gilt, Sie müssen sich legitimieren und die klassischen dem **Know-Your-Customer-Regeln (KYC)** entsprechenden Informationen werden abgefragt und hinterlegt. Ab 10.000 Euro Gegenwert müssen die persönlichen Daten, nach derzeitiger Gesetzeslage (Deutschland, 01/2025), festgehalten werden.

Nimmt die Bank für eine Transaktion Gebühren?

Da Banken kommerzielle Dienstleistungsunternehmen sind, müssen diese für deren Tätigkeit auch bezahlt werden, und ja, es werden Gebühren verrechnet. Meist handelt es sich dabei nur um den Bid/Ask-Spread, welche die Bank hier vereinnahmt. Es kann jedoch auch zu weiteren Kosten für die Abwicklung kommen. Diese können Sie jedoch vor der Transaktion erfragen und erhalten darüber ausführlich Auskunft.

Hinweis
Bitte beachten Sie auch, dass für ein Schließfach in einer Bank ebenfalls Gebühren anfallen. Daher ist zu überlegen, ein solches zu mieten oder einen Tresor für zuhause anzuschaffen. Da der Tresor immer und unmittelbar auch für andere Wertgegenstände zur Verfügung steht (was das Schließfach auch kann, aber nicht in den eigenen vier Wänden ist), ist diese Überlegung im Vorfeld zu tätigen. Selbstverständlich kann man sich auch im Laufe der Zeit hier anders entscheiden.

Wird über eine Goldtransaktion eine Abrechnung erstellt?

Selbstverständlich, und diese sollten Sie aus Nachweisgründen auch aufbewahren. Denn sollten Sie das Gold mal wieder verkaufen wollen, könnte es wahrscheinlich sein, dass der Ankäufer einen Nachweis von Ihnen sehen möchte, dass Sie das Gold auch selbst erworben haben bzw. wird einen Nachweis darüber haben wollen, wie es in Ihren Besitz gekommen ist. Die Abrechnung entspricht einer Kassenabrechnung mit allen notwendigen Angaben.

Wie kann ich es nachweisen, wenn ich das Gold auf einen anderen Weg erhalten habe?

Dies ist dann mit dem geeigneten Dokument oder durch eine glaubhafte Versicherung möglich. Wenn Sie bekannt sind und die Transaktion im Rahmen der sonstigen Vermögens-Verhältnisse sind, wird es hier zu wenig Nachfragen kommen. Die Kaufunterlagen bzw. Übertragungsunterlagen (zum Beispiel im Falle einer Erbschaft) sind hier von hohem Transparenzwert und sollten daher immer vorgelegt werden.

Fällt auf eine Goldtransaktion Mehrwertsteuer an?

Nein, da Gold als Zahlungsmittel und somit als Geld gilt, fällt auf Goldtransaktionen keine Mehrwertsteuer an. Eine Ausnahme bilden spezielle Sammlermünzen.

Wie muss ich Gold versteuern?

Physisch gehaltenes Gold ist nach einer Anlagedauer von einem Jahr in Deutschland nach derzeitiger Rechtsprechung und Auffassung steuerfrei. Diese Freiheit gilt derzeit auch für Xetra Gold (da physisch unterlegt und somit dem physischen Gold gleichgestellt gilt). Gedanken dies zu verändern wurden erst in 2020 wieder verworfen. Die Steuerfrist bzw. der Ablauf der Spekulationsfrist muss vom Steuerpflichtigen nachgewiesen werden. Daher ist es wichtig, die Kaufabrechnung hier aufzubewahren. Auch wäre eine Versicherungsbestätigung, die Abbuchung auf dem Kontoauszug oder ähnliches denkbar.

Hinweis
Beim Erbe zählt die Haltefrist des Erblassers übrigens mit und kann berücksichtigt werden, wenn diese nachzuweisen ist. Das Gesetz zur Stärkung von Wachstumschancen, Investitionen und Innovation sowie Steuervereinfachung und Steuerfairness (Wachstumschancengesetz) sieht ab 2024 auf Erträge die geringer als 1.000 Euro sind, eine Steuerfreiheit für Privatpersonen vor.

Beachtet muss jedoch werden, dass bei gewerblichem Goldhandel alle Steuerfreiheiten wegfallen.[42] Des Weiteren ist zu beachten, dass die individuelle Situation Berücksichtigung finden muss und somit eine steuerliche Empfehlung bzw. finale Beurteilung der Lage nur durch einen mit dem individuellen Fall betrauten Steuerberater oder Wirtschaftsprüfer erfolgen kann. Auch sind weitreichende Regelungen aus dem Geldwäschegesetz, der Abgabenordnung bzw. bei grenzüberschreitenden Transaktionen zu beachten.

Hinweis
Wer sich übrigens fragt, in welcher Steueranlage die Versteuerung im Falle einer Deklaration zu erfolgen hat, es ist die Anlage SO für sonstige Einkünfte.

Kann man Gold immer handeln?

Die Antwort ist einfach zu geben: Ja, denn weltweit machen die Goldhändler fast nie Feierabend. So wird rund um den Globus Gold gehandelt; egal ob in Sydney, Hongkong, London oder New York. Das Netz von Goldhandelsfirmen zieht sich über den gesamten Globus und deckt somit jede Zeitzone ab. Man muss als Kunde lediglich Zugang zu diesen haben, was in der Regel über einen Drittanbieter abzuwickeln ist.

42 Vgl. Lorenz, Karsten: Erhält das Finanzamt eine Mitteilung über meinen Goldverkauf; WIWO 27.12.2024.

4 Volkswirtschaft und Staat

4.1 Der Schatz einer Volkswirtschaft: Vom Gold zum Geld

Dass Gold als **Zahlungsmittel** schon immer eine große Bedeutung hatte, ist hinlänglich bekannt. Doch wer hätte gedacht, dass bereits 3.000 vor Christus im alten Mesopotamien ein Geldsystem existierte, welches zwar Getreidekörner als Sicherungsunterlage hatte, jedoch dem später aufkommenden Goldstandard (z. B. 1844 formal mit dem Bank Charter Act in Großbritannien eingeführt, es folgten weitere 50 Staaten) sehr ähnelte. Ein Schekel war 179 Getreidekörner wert. Wobei das Wort Sche mit Weizen übersetzt werden kann und Kel war folglich das Maß für diesen. Ähnlich dem uns sehr gebräuchlichen alten Wort Scheffel. Bis heute existiert das Wort Schekel in der gängigen Bezeichnung der israelischen Währung, Schekel Chadasch, weiter fort.

Gold wurde bereits in dieser Zeit zum **Tauschgut** und somit zu nichts anderem als zu „modernem" Geld. Es wurde klar definiert, vereinheitlicht und standardisiert. Wollte man Waren erwerben, so geschah dies nun unkompliziert und gerecht durch einen Bezahlvorgang und nicht mehr, wie oft zuvor, mittels eines Lebensmitteltausches. Ab der Antike begann man damit dieses Tauschgut, in Form von Münzen, mit Zeichen und Herrschafts-Wappen versehen und somit zu definieren.

Diese **Goldmünzen** waren die wirkliche Goldwährung im Vergleich zu den in Gold hinterlegten Münzen der späteren Zeiten. Sie verkörpern diese im ursprünglichen Sinne und mit dem ursprünglichen haptischen Wert. Jedoch hatten massive Gold- und Silbermünzen nicht nur Vorteile. Die großen Nachteile waren deren großes spezifisches Gewicht, die erforderliche Lagerung und der aufwendige Transport, vor allem über weite Strecken. Man muss dabei berücksichtigen, dass moderne Transportwege bedeuteten, dass die Münzen mit Karren und zu Pferd transportiert werden mussten. Einen Sicherheitstransporter und moderne Schnellstraßen wie heute gab es ja noch nicht.

Exkurs | Gewichtsprobleme
Gerade durch das große Gewicht der Münzen konnte dies sehr beschwerlich und kompliziert sein. Bei einer nächtlichen Rast musste

das wertvolle Gut streng bewacht werden und auch die finale Aufbewahrung war aufgrund der Sperrigkeit und des Volumens alles andere als einfach. Dies führte dazu, dass man den Gehalt an edlen Metallen verringern wollte. Es sollten die Münzen leichter werden und es bestand somit auch die Möglichkeit, mehr Münzen zu prägen und damit die Geldmenge auszuweiten. Doch dies schaffte, ähnlich wie beim Papiergeld der späteren Zeit, große Probleme mit der Geldwertstabilität. Denn der Gehalt von edlem Metall nahm so deutlich ab und es wurde kein adäquater Gegenwert geschaffen.

Wissen | Materialwert und Marktwert
Grundsätzlich besteht immer die Möglichkeit, den Materialwert von Münzen zu senken und den Nennwert gleich zu belassen. Dass dies jedoch große Probleme mit sich bringen kann, zeigt jedoch die Geschichte auf. Im Grunde genommen kann man es mit der Papiergeldentwertung vergleichen. Formal ist ein 50-EUR-Schein auch nur einige wenige Cent wert (Papier, Druckkosten, Sicherheitsbestandteile etc.), aber solange jemand bereit ist, im Tauschhandel dafür Waren für 50 Euro zu geben, ist der Tauschwert höher als der Materialwert. Es kann somit festgehalten werden, dass der intrinsische Wert und der Tauschwert voneinander abweichen und nur durch die emotionale Bewertung und durch die Notenbank garantierte Wertmarke auf dem Geldschein aufrechtgehalten werden können. Der Wert des Geldes lebt somit in dem Moment auf, in dem man Waren oder Dienstleistungen dafür erhält und der Geldschein dafür akzeptiert wird.

Auch die Babylonier kannten Gold als Zahlungsobjekt. So ist sicher überliefert, dass im 18. Jahrhundert vor Christus eine Handelskarawane entsendet wurde, um Waren zu kaufen, welche schlussendlich in Gold bezahlt wurden. Ebenfalls ist überliefert, dass Gold in verschiedene andere Metalle, wie zum Beispiel in Silber, getauscht wurde. Das Gold hatte somit die Funktion einer modernen Währung in einem funktionierenden Geldsystem übernommen.

Die Funktion von Geld
Als Geld bezeichnet man einen für die Wirtschaft fundamentalen Bestandteil. Es ist

- Recheneinheit,
- Wertaufbewahrungsmittel
- sowie Tausch- und Zahlungsmittel.

Die letztgenannte Funktion des Geldes ist eine einfache. Es erleichtert Warentausch und Finanztransaktionen. Vergabe von Krediten ist möglich und Güter lassen sich in einer einheitlichen Bewertungsgröße erfassen.

Das Geld fungiert somit auch als **Wertemaßstab** und Geld ist ein **Wertaufbewahrungsmittel**. Der Gelderwerb und dessen Geldausgabe sind somit zeitlich nicht aneinandergebunden und es ist möglich, Geld zu sparen. Daraus ergeben sich die **Eigenschaften**, welche notwendig sind, um die Funktionen des Geldes zu erfüllen. Es handelt sich hierbei hauptsächlich um

- die Teilbarkeit,
- die Unverderblichkeit und
- den Wertaufbewahrungsansatz.

Exkurs | Historie

Bereits im späten Mittelalter hatte sich eine Art **Goldhinterlegung** etabliert. Weil das Aufbewahren und Verwalten sehr kompliziert und aufwendig waren, wuchs um die **Goldschmiede** dieser Zeit ein weiterer Geschäftszweig. Die ansässigen Geschäftsleute verwahrten und prüften das Gold, welches zum Beispiel, reiche Kaufleute zu ihnen brachten. Dafür bekam man eine Quittung ausgehändigt. Heute würde man sagen, Gold gegen ein Zertifikat im Tausch. Es handelte sich folglich um ein modernes Zug-um-Zug-Geschäft. Erst wenn der Besitzer das Gold wiederhaben wollte, gab er die seinerzeit erhaltene Quittung zurück und erhielt sein Gold wieder ausgehändigt. Eine Art spätmittelalterliches Tresor- und Aufbewahrungssystem war entstanden.

Es etablierte sich im Laufe der Zeit ein reger Tauschhandel mit diesen **Gold-Quittungen**, da es einfacher war, eine Rechnung nicht direkt mit Gold, sondern mit diesen Quittungen zu bezahlen. Diese Quittungen wirkten wie ein fiduziarisches Zahlungsmittel, vergleichbar mit einem Scheck. Durch die Hinterlegung mit physischem Gold (**Goldhinterlegungs-Standard**) waren diese Papiere immer gedeckt, ermöglichten jedoch eine hohe Fungibilität und Flexibilität. Das moderne Geld- und Bankensystem war geboren.

Aus dem Tauschhandel mit den Gold-Quittungen entwickelte sich in kurzer Zeit ein florierender Geldhandel.

Wissen | Papiergeld entsteht
Das erste Papiergeldsystem der Welt erblickte diese und mit ihm kamen die fast unbegrenzten Expansionsmöglichkeiten. Nicht der Erste, aber einer der Ersten, die diese Entwicklungsmöglichkeiten mit dem Papiergeldsystem verstanden, war John Law (1671–1729). Er gründete die Banque Royale in Frankreich und ihm wird der Ausspruch „L'économie c'est moi" zugesprochen, der ganz angelehnt an Ludwig XIV. „Die Wirtschaft (L_{XIV}: der Staat), das bin ich" bedeutet. Er garantierte, dass die von ihm ausgegebenen Banknoten 1:1 durch Gold gedeckt waren.

Leider hielt John Law seine guten und richtigen Vorsätze nicht, und so wurden immer höhere Papiergeldmengen von ihm ausgegeben. Diese waren jedoch nicht durch Gold gedeckt, sondern ungedeckte Ausgaben. Er erlag somit der Versuchung, noch mehr Entwicklung zu fördern, als es ihm tatsächlich möglich war. Die Banque Royale war daher nicht mehr vor dem Konkurs zu retten und musste Insolvenz anmelden.

Um diesem Problem nicht ebenfalls zum Opfer zu fallen, beschloss unter anderem die **Bank von England**, eine Höchstgrenze zu erlassen. Bis zu dieser durften maximal, über das eigentlich hinterlegte Gold hinaus, Papiernoten begeben werden. Diese Regelung ging unter dem Namen **Peelsche Bankakte** in die Geschichte ein und betrug ein Volumen von 14 Millionen Pfund. Wollte man darüber hinaus Pfundnoten ausgeben, so musste im entsprechenden Gegenwert Gold angekauft werden. Dies war eine weitreichende Entscheidung. Denn durch diese wurde der Spielraum geschaffen, mehr Geld auszugeben als man tatsächlich Goldwert hatte. Der erste Goldstandard war somit geboren.

Wissen | Sir Isaac Newton und der Goldpreis
Am 21. September 1717 legte der Leiter des königlichen Münzamtes, Sir Isaac Newton (1642–1726), den Umrechnungspreis zwischen Guinee und Silber sowie zwischen Silber und Gold fest. Da Newton jedoch einen zu niedrigen Goldpreis kalkulierte, wurde das Silber vom Markt verdrängt und das Gold bekam seine Vormachtstellung.

Durch eine große Währungsstabilität erreichte die Bank von England damit hohe Glaubwürdigkeit. Dies nährte den Erfolg des Goldstandards. Auch in schweren Stunden, wie zum Beispiel während des Französisch-Englischen-Krieges, als die Ausgabe der Banknoten für eine gewisse Zeit ausgesetzt wurde, entwickelte sich in der Bevölkerung ein großer Rückhalt für dieses System. Viele andere „Staatsbanken" machten es der Bank von England nach und führten den **Goldstandard** ein.

Somit war die Währung ein Synonym für eine bestimmte Goldmenge geworden. Wobei die Umrechnung nach dem englischen Vorbild vollzogen wurde. 1 kg Gold entsprach 136,57 Pfund und wurde mit diesem Umrechnungskurs getauscht und umgerechnet. Von nun an bestand ein fester und direkter Zusammenhang zwischen Gold und der liquiden Geldeinheit. Die schaffte viel Transparenz und sicherte den Umrechnungskurs für jeden, der diesen benötigte.

Gold wurde folglich als **Kernwährung** genutzt. Somit waren auch immer der Nominalwert und der Metallwert identisch. Dies verdeutlichte auch, dass jeder Papiergeldinhaber dieses Papiergeld gegen reines Gold eintauschen konnte, wenn er dies für richtig hielt und wollte. Grundlegendes Problem des Goldstandards jedoch war, dass das Währungssystem kein dynamisches Wachstum generieren konnte, es war einfach zu statisch und eng gehalten.

Als sich der Erste Weltkrieg abzeichnete bemerkte man, dass nicht ausreichend Gelder für Militärausgaben zur Verfügung standen. Die Regierungen entschieden, den Goldstandard aufzuheben, denn für manche Länder wäre weder der Kriegseintritt noch dessen Durchführung realistisch bezahlbar gewesen und der Krieg wäre bereits beendet gewesen, bevor dieser richtig begonnen war. Nicht auszudenken, was der Menschheit erspart geblieben wäre!

Aufgrund der Folgen des Ersten Weltkriegs, die neben den dramatischen Zuständen für die Bevölkerung, zusätzlich **Hyperinflationen** und große Reparationszahlungen für Deutschland mit sich brachten, mussten auch neue Währungs-Regeln vereinbart werden. Das alte System der absolut frei schwankenden Wechselkurse hatte sich als nicht praktikabel erwiesen. Doch bis zur Ablösung des alten Systems sollte noch einige Zeit ins Land gehen.

Im Jahr 1926 wurde in England eine **Rückkehr zum Goldstandard** beschlossen und dieser im Alleingang wieder eingeführt. Bei der Einführung wurden jedoch konzeptionelle Fehler gemacht und so brachte diese viele Probleme mit sich. Eines der Hauptproblemfelder war die sofortige Aufwertung des Britischen Pfunds gegenüber allen anderen Währungen.

Diesem Umstand war es geschuldet, dass britische Güter schlagartig auf dem Weltmarkt teurer wurden und daher die Nachfrage deutlich zurückging und teilweise einbrach. Die sich abzeichnende massive Wirtschaftskrise konnte nicht mehr aufgehalten werden, ganz im Gegenteil, diese wurde dadurch noch massiv verstärkt. Ein weiteres Problem, das auf den damaligen Schatzkanzler Winston Churchill (1874–1965) zukam, war, dass die politischen und sozialen Voraussetzungen sich deutlich gewandelt hatten. Die Welt hatte sich verändert und es musste mit neuen Konzepten, eine Lösung gefunden werden.

Exkurs | Goldreserven

Etwa 70 Prozent der globalen Goldreserven wurden in den Jahren 1920 bis 1922 von den USA gehalten. Im Jahre 1933 verbot der US-amerikanische Präsident Franklin D. Roosevelt (1882–1945) den privaten Goldbesitz. Diese Anordnung ging als Goldverbot von 1933 in die Geschichtsbücher ein. Alle US-Bürger mussten ihr privates Gold für einen festgelegten Preis von 20,67 US-Dollar pro 100 US-Dollar-Gegenwert (entsprach damals 5 Unzen) an die Federal Reserve (FED) abgeben.[43] Wer dies nicht tat beging damit eine Straftat, welche mit bis zu zehn Jahren Haft geahndet wurde. Der private Goldbesitz wurde somit von heute auf morgen zu einer ungesetzlichen Handlung. Es fand folglich eine durch das Umtauschgesetz legitimierte Zwangsenteignung statt.

Wissen | Das Triffin-Dilemma

Im Jahr 1959 fand der Ökonom Robert Triffin (1911–1993) heraus, dass das **Bretton-Woods-System** einen gravierenden Konstruktionsfehler beinhaltete. Da nur bedingte Mengen an Gold zur Verfügung stehen, musste zusätzliche Liquidität durch die Ausgabe von nun ungedeckten US-Dollars geschaffen werden. Ohne diese wäre der weltweite Handel nicht realisierbar gewesen. Durch diese Problematik erfuhr der US-Dollar als Weltleitwährung einen deutlichen Vertrauensverlust, denn es reichten die Bestände zum Umtausch der Papierdollar in Gold nicht mehr aus. Man versuchte, dieses Problem durch die Einführung von Sonderziehungsrechten zu beheben. Es gelang jedoch nicht und das System war somit zum Scheitern verurteilt.

43 Vgl. Sordon, Dieter: Neuer Goldstandard – neues Goldverbot?

Im Jahre 1944 wurde ein neues internationales Währungssystem geschaffen, das unter dem Namen Bretton-Woods-Abkommen (Gold-Dollar-Standard) in die Geschichte einging. Dieses neue Währungssystem sah den US-Dollar als **Weltleitwährung** vor. Auf dieser Grundlage beruhten alle seinerzeit getroffenen Annahmen. Die Zentralbanken legten ihre Währungsreserven in US-Dollar an und jeder Staat, welcher Mitglied dieses Währungssystems wurde, hatte die Möglichkeit, seine Dollarreserven zu einem festen Wechselkurs von 35 US-Dollar je Feinunze (~ 31,104 Gramm) in Gold umzutauschen. Ebenfalls sah es vor, dass die Wechselkursschwankung der übrigen Währungen, in einem geringen Rahmen von 1 Prozent zu halten sind. Doch im Jahre 1973 sahen sich die USA nicht mehr in der Lage, der bestehenden Umtauschverpflichtung nachzukommen. Was war geschehen?

Durch die **stark progressive Offenmarktpolitik** der Zentralbank FED, das gestiegene Wirtschaftsaufkommen und die damit verbundenen höheren Papiergeldmengen und die vor allem durch die Schwächung, welche mit dem Vietnamkrieg einherging, war der feste Umtausch nicht mehr zu gewährleisten. Eine Deckung von Papiergeld mit Gold wurde daher als nicht mehr zeitgemäß und realistisch angesehen. Denn dieses System blockierte Wachstumsvorstellungen und Entwicklung. Somit wurde das bestehende System gekündigt und der Goldstandard fand im Jahr 1973 sein endgültiges Ende.

Die Notenbanken waren von nun an nicht mehr an eine Deckung der ausgegebenen Geldmenge gebunden. Die Geldschöpfung aus dem Nichts, das **Fiat Money**, wurde eingeführt. Doch erst seit 1974 ist es den US-Bürgern wieder erlaubt, Gold im Privatbesitz zu halten. Es hat somit von 1933 bis 1974 gedauert, bis Gold wieder als legales Anlage- und Geldaufbewahrungsgut in den USA zugelassen worden ist.

Wissen | Fiat Money?
Fiat Lux, es werde Licht (erste Worte Gottes in der Bibel; Gen. 1,3), ist hier das Vorbild bzw. der Namensgeber. Der Prozess des Schaffens aus dem Nichts, wie in der Genesis beschrieben, wurde auf das Geldsystem übertragen. Da Papiergeld aus dem Nichts, im Prozess der Geldschöpfung, erschaffen wird, es folglich davor nicht existiert hat und es auch keine Grundlage für die Existenz gibt, spricht man davon. Es besteht keine Deckung und keine Einlöse-Verpflichtung in zum Beispiel Gold oder in Kurantmünzen.

Als 1976 der **IWF** (Internationaler Währungsfonds) seinen Mitgliedern die Aufhebung der Goldpreisbindung für die Währungen empfohlen hatte, folgten die meisten Länder diesem Aufruf. Der Weg für ein Währungssystem ohne reale Wertunterlage war geschaffen worden. Die Geldschöpfung aus dem Nichts, das Fiat Money, zog weltweit in die Zentralbanken und Köpfe der Banker ein und begann, von zunächst geringem Gebrauch zu einem der ausschweifendsten Systeme zu entwickeln. Durch das beliebig in Umlauf zu bringendem Geld wurde ein wirtschaftlicher Aufschwung finanziert, ohne den die Entwicklungen der vergangen 50 Jahre nicht vorstellbar gewesen wären. Die Möglichkeiten, schnell und umfassend Geld zu drucken, öffnete u. a. für die USA ein großes und bislang nicht dagewesenes dynamisches Wachstumsfenster.

Wissen | Was würde die Wiedereinführung des Goldstandards bedeuten?

Milton Friedman (1912–2006) hat die Kosten für die Wiedereinführung des Goldstandards für die USA mit 2,5 Prozent des Bruttoinlandproduktes beziffert. Ex-Fed-Chef Ben Bernanke (*1953) äußerte sich ebenfalls sehr negativ über eine erneute Einführung. Vor allem das deutliche Beschneiden der Handlungsmöglichkeiten für die Zentralbanken wäre problematisch. Eine erneute „Große Depression" wäre wahrscheinlich der Fall. Die Wirtschaftswoche hat in ihrer Ausgabe 13/2012 aufgezeigt, dass, wenn man bei der derzeitigen Situation den US-Dollar wieder mit Gold unterlegen wollte, der Gleichgewichtspreis pro Feinunze bei 10.410 US-Dollar (angenommener Goldpreis aktuell: 1.652 US-Dollar) liegen würde. Beim Euro würde dies einen Preis von 4.230 Euro bedeuten, im Vergleich zu 1.265 Euro aktuell. Es würde sich daraus ein Umrechnungskurs von 2,4610 Euro/US-Dollar ableiten.[44]

Die in den vergangenen Jahren praktizierte Politik der Zentralbanken, wäre bei einer durch Gold gedeckten Währung undenkbar gewesen. Welche Folgen dies für die Wirtschaft aber auch für den sozialen Frieden gehabt hätte, kann nur erahnt werden. Es ist jedoch davon auszugehen, dass es zu größeren Unruhen gekommen wäre. Denn gerade in extremen Zeiten mit komplexen Fragestellungen ist es wichtig, dass es zu keinen

---

44 Wirtschaftswoche Nr. 13 vom 26.03.2012.

geldpolitischen Verwerfungen kommt. Diese würden das an sich angeschlagene politische System wie ein Katalysator befeuern und zu einer schnellen und unkontrollierten Kettenreaktion führen.

4.2 Aus dem unbegrenzten Wachstum entstandene Krisen

Wissen | Der Londoner Goldpool
Im Jahr 1961 wurde zur Aufrechterhaltung der Goldparität von den Zentralbanken der USA, der Bundesrepublik Deutschland, Belgien, Frankreich, Großbritannien, Italien, Schweiz und den Niederlanden ein Goldpool vereinbart. Hauptaufgabe war es, den Goldpreis durch Marktinterventionen innerhalb einer bestimmten Preisrange zu halten. Grund für diese Markteingriffe waren große Goldumtauschaktionen am Markt, da die Auslandsverbindlichkeiten der USA über deren Goldbestände angewachsen waren. Im Jahr 1967 kam es u. a. aufgrund des Vietnamkrieges zu politischen Zerwürfnissen. Im folgenden Jahr wurde der Goldpool aufgelöst.

Generell kann man sagen, jedes fast unbegrenzte Wachstum hatte auch ein deutliches Ausweiten der Geldmenge zufolge. Durch die Finanzkrise ab dem Jahre 2007, welche wie ein Katalysator auf das **Geldmengenwachstum** wirkte, hat diese Entwicklung erneut deutlich zugenommen. Nun stand kein Wirtschaftswachstum in üblichen Umfang und zum Konsum im Vordergrund, sondern die Aufrechterhaltung des bestehenden Systems durch Stützung und Bereitstellung von Liquidität.

Doch nicht nur die USA (vgl. Abbildung 4 die enggefasste Geldmenge M1 in Mrd. USD), sondern auch das alte und sonst so konservative Europa (vgl. Abbildung 5 die enggefasste Geldmenge M1 in Mio. EUR) begann, die Geldmenge deutlich auszuweiten. Gerade im Zuge der Griechenlandkrise wurden große Geld- und Garantiepakete geschnürt. Die Garantieversprechen sind es, welche die Auswirkungen oft erst in der Zukunft erkennbar machen. Denn durch diese wirkt die Geldmengenveränderung nicht direkt auf die jeweiligen Staatshaushalte ein, sondern kann bei einer Inanspruchnahme eine immanente Wirkung entfalten.

Die in den Abbildungen 4 und 5 dargestellten Geldmengen sind die der Zurechnungsform M1. Wir haben diese gewählt da die Geldmenge M1 eng gefasst ist und auf das täglich fällige Geldvolumen abzielt. Die Ausweitung der anderen Geldmengen M2-M3 ist analog in beiden Währungsräumen zu beobachten.

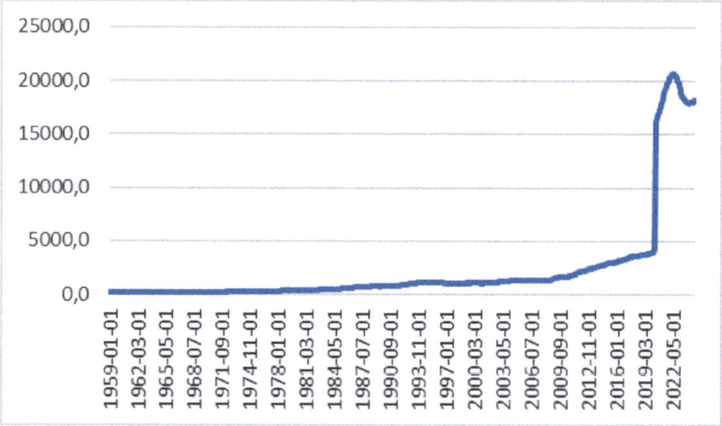

Abb. 4: Geldmenge M1 der USA in Mrd. USD[45]

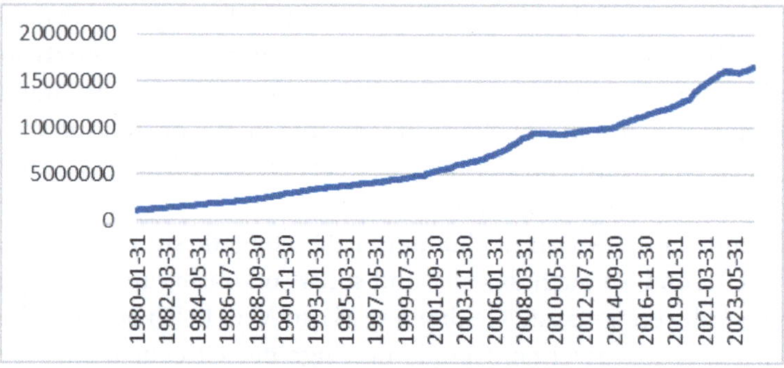

Abb. 5: Geldmenge M1 für die Eurozone in Mio. EUR[46]

45 Quelle: FED; https://fred.stlouisfed.org/series/M1SL.
46 Quelle: ECB; https://data.ecb.europa.eu.

Betrachtet man die Geldmengenausweitung für die USA im direkten Zusammenhang zum Bruttoinlandsprodukt, so zeigt dies deutlich auf, dass die Effekte der Geldmengenausweitung nicht mehr im direkten Umfang wirken, wie dies in den Jahrzehnten zuvor zu erkennen war. Das Ausweiten der Geldmenge ist folglich nicht mehr der direkt starke Stimulus für die Realwirtschaft. Die immer neuen Geldmengen halten die Realwirtschaft zwar auf einem gewissen Status quo, jedoch ist das Ziel, ein überdurchschnittliches Wachstum zu generieren, um dann die Geldmenge auch wieder einzudämmen, eher ausgeblieben. Erst mit der Rückkehr der Verzinsung von Sichteinlagen kehrte ein Zinsstimulus zurück.

Wissen | Die Geldmengen und deren Bedeutung
Die einzelnen Geldmengen werden von den Zentralbanken unterschiedlich definiert und veröffentlicht. Anbei die Definition der Geldmengen der EZB:[47]

Geldbasis	M1	M2	M3
Banknoten und Münzen, die sich im Umlauf außerhalb des Bankensystems (bei Nichtbanken) befinden (folglich ohne Kassenbestände der Geschäftsbanken, jedoch mit Banknotenumlauf im Ausland) plus dem Zentralbankgeldbestand der Kreditinstitute.	Sichteinlagen der Nichtbanken sowie der gesamte Bargeldumlauf.	M1 zzgl. Einlagen mit vereinbarter Laufzeit bis zu zwei Jahren und Einlagen mit gesetzlicher Kündigungsfrist bis zu drei Monaten.	M2 zzgl. Anteile an Geldmarktfonds, Repo-Verbindlichkeiten, Geldmarktpapiere und Bankschuldverschreibungen mit einer Laufzeit bis zu zwei Jahren.

Exkurs | Wo lagert eigentlich das Gold der Deutschen?
Die Goldreserven der Bundesrepublik Deutschland sind auf verschiedene Verwahrorte aufgeteilt und dort sicher verwahrt. Der Abbildung 6 kann man Einrichtungen und die verwahrte Menge entnehmen. Was die Menge an sich angeht, so ist diese in den vergangenen Jahren deutlich und stetig ausgebaut worden. Dabei ist zu beachten, dass

47 Quelle: EZB Monetary aggregates.

wenn die Zentralbanken, die mächtigsten Institutionen in unserer monetaristischen Welt, Gold kaufen, dies i. d. R. eine langfristige Goldverknappung für den Markt bedeutet, da diese das gekaufte Gold nur ganz selten und wenn dann in einem bestimmten Rahmen wieder zum Kauf anbieten werden. Zentralbanken sind somit langfristige Halter der Goldpositionen. Die Summen lassen sich der Abbildung 7 entnehmen.

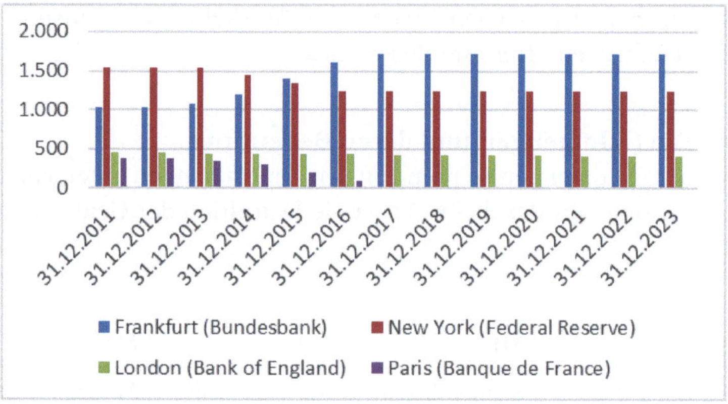

Abb. 6: Goldreserven der Bundesrepublik Deutschland und deren Verwahrort[48]

48 Quelle: Deutsche Bundesbank. (2024). Verteilung der Goldreserven der Deutschen Bun-desbank auf die einzelnen Lagerorte von 2011 bis 2023 (in Tonnen). Statista. Statista GmbH. Zugriff: 19. Januar 2025. https://de.statista.com/statistik/daten/stu-die/245363/umfrage/lagerorte-der-goldreserven-der-deutschen-bundesbank/.

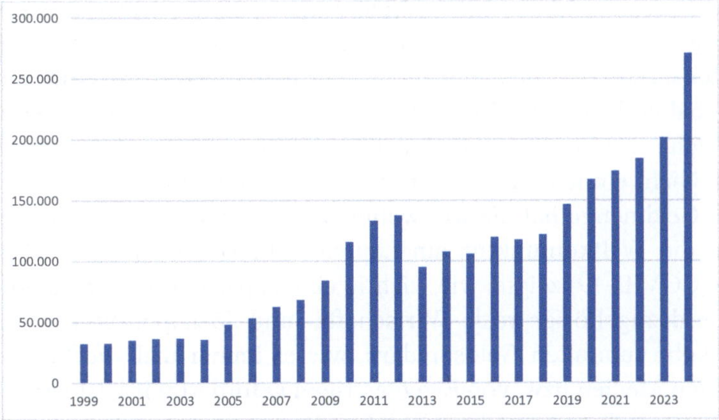

Abb. 7: Goldreserven der Deutschen Bundesbank von 1999-2024 in Millionen Euro[49]

Lassen Sie uns etwas in die Vergangenheit blicken. Durch den Niedergang der **Investmentbank Lehman Brothers** und der darauffolgenden Reaktionen wurde eine große Vertrauenskrise innerhalb des Geldmarktes ausgelöst. Geschäftsbanken trauten sich untereinander nicht mehr und beschlossen daher, untereinander keine Overnight-Ausleihungen mehr zuzulassen. Dasselbe Bild zeigte sich darauffolgend weltweit und nicht nur im Geldmarkt. Nur durch die Interventionen von Zentralbanken wie der EZB und der FED konnten seinerzeit die **Liquiditätsengpässe** beseitigt und das Schlimmste verhindert werden. Die Zentralbanken schufen durch direkte und indirekte Eingriffe die Möglichkeit zur Aufrechterhaltung des gesamten Weltwirtschaftssystems.

Dies erklärt bis zu einem gewissen Anteil auch die Ausweitung der Geldmengen zu diesem Zeitpunkt. Des Weiteren wurden durch staatlich verordnete Strukturprogramme neue Gelder in den Umlauf gebracht. Diese sollten die Wirtschaft von innen heraus festigen und positive Anreize schaffen.

Kurze Zeit später kam es jedoch zu einer neuen Sachlage, welche von vielen bislang als undenkbar gehalten wurde. Die Gefahr von **Staatsban-**

49 Quelle: Deutsche Bundesbank. (2025). Goldreserven der Deutschen Bundesbank von 1999 bis 2024 (in Millionen Euro). Statista. Statista GmbH. Zugriff: 19. Januar 2025. https://de.statista.com/statistik/daten/studie/243759/umfrage/goldreserven-der-deut-schen-bundesbank/.

krotten in Europa riefen erneut die Geldhändler auf den Plan. Eine weitere Ausweitung der Geldmengen war die Folge. Ziel war es nun, ganze Volkswirtschaften zu stützen und damit gefährliche negative **Kettenreaktionen**, welche global verheerend wären, zu unterbinden. Heute ist die Papiergeldmenge, welche sich im Umlauf befindet, bei Weitem nicht mehr durch Gold zu decken. Nicht einmal im Ansatz besteht hierzu die Möglichkeit.

Die Fiat-Geldmenge hat die weltweiten Wirtschaftssysteme geprägt. Sie ist es, die die Weltkonjunktur am Laufen hält. Denn auch die globale Pandemie (COVID-19) zeigte, wie wichtig eine expansive Zentralbankpolitik und die dazugehörige reale Wirtschafts- und Sozialpolitik sein kann. Eine Rückkehr zum alten Goldstandard, wie es immer mal wieder in den einschlägigen Medien bzw. von Ewiggestrigen gefordert wird, ist daher ein Irrglaube und würde zudem schwere globale Verwerfungen mit sich bringen. Diese würden im Endeffekt unter anderem zu sozialen Unruhen, steigenden Arbeitslosenzahlen und extremen Wahlergebnissen führen. Der soziale und wirtschaftliche Friede wäre damit massiv gefährdet.

Und warum auch sollte man dies tun? Ein wenig konstruktives Argument, welches immer wieder ins Feld geführt wird, ist dass die nachfolgenden Generationen dies bezahlen müssen. Lösen wir jedoch in unseren Tagen die Probleme nicht, werden die nachfolgenden Generationen ganz andere Sorgen und Nöte haben bzw. so überhaupt nicht entstehen können. Eine in die Zukunft ausgerichtete Denkweise ist daher immer wichtig. Dabei muss es auch in den entstehenden Chancen für die Zukunft gehen. Nicht nur um die Bezahlbarkeit, welche selbstverständlich auch wichtig ist, aber durch neue innovative Einnahmequellen abgedeckt werden kann. Denn wer hätte nach dem Ende des zweiten Weltkriegs zu hoffen gewagt, dass die Ertragskraft der deutschen Wirtschaft einmal diese Dimensionen annehmen wird?

Wissen | Was ist eigentlich der Euro?

Beim Euro handelt es sich um die Europäische Einheitswährung, welche 1999 zunächst in 11 Teilnehmerländern als Buchgeld eingeführt wurde. Seit 2002 ist der Euro das gesetzliche Zahlungsmittel in den Euro-Teilnehmerländern. Es handelt sich hierbei um einen Verbund von Nationalstaaten, welche eine gemeinschaftliche Währung als Grundlage für weitere gemeinsame Aktivitäten sehen. Die politische Einigung ist jedoch vom Euro losgelöst, was das Konstrukt so kompliziert und anfällig macht (im Verhältnis zum US-Dollar, der neben einer wirtschaftlichen Union auch eine politische Union als Grundlage hat). Als Zentralbank für die Euro-Teilnehmerländer agiert die Europäische Zentralbank (EZB) neben den nationalen Notenbanken (zum Beispiel der Deutschen Bundesbank). Sie gibt für die Eurozone die geldpolitischen Leitlinien vor. Dabei ist die Geldwertstabilität eines der Hauptaufgabengebiete. Die EZB entscheidet auch über die Zins- und Offenmarktpolitik der Eurozone. Doch der Euro ist mehr als eine Währung. Wie oben schon angeklungen, ist der Euro auch ein Friedensprojekt. Es verbindet die Nationalstaaten Europas miteinander und bieten eine gemeinsame Grundlage zur Entwicklung. Um dieses Projekt weiter zu festigen und in eine neue Zeit zu führen, sollte auch der politische Willen da sein, eine gemeinsame Wirtschafts- und Sozialpolitik in Europa zu etablieren und bislang nationalstaatliche Interessen in europäische Interessen und Ansätze zu transformieren. Leider zeigen die Entwicklungen der vergangenen Jahre leider eine umgekehrte Reaktion auf. Dies erschwert es immer mehr, den Anforderungen der Fragestellungen nachzukommen. Nach vielen Jahrzehnten des Multilateralismus und der Globalisierung sehen wir zuehmend Tendenzen der De-Globalisierung und von einzelnen Dealmaking-Positionen. Der Begriff Disruption wird zwar dem Wort entsprechend eingesetzt, doch anstelle einer positiven Zuwendung, scheint das Ergebnis eher düster anzumuten. Eine Aussicht, die nicht begeistert. Hoffen wir auf einen guten Ausgang und positive Lichtblicke.

4.3 Gold und der US-Schuldenstand

Betrachtet man den Goldpreis im Verhältnis zum US-Staatsschuldenstand (**US-Debt**), so kann man eine eindeutige Korrelation feststellen. Befand sich das US-Debt bis Ende 1996 unterhalb des Goldpreises in US-Dollar so ist in den vergangenen Jahren hier ein eindeutiger Anstieg zu verzeichnen. Ebenfalls ist gut zu erkennen, dass die US-Staatsschulden massiv mit den eintretenden Krisen angestiegen sind. In Abbildung 8 zeigen wir diesen Umstand auf. Auch zu entnehmen ist eine Prognose des IMF, welche die kommenden Jahre beinhaltet. Dieser Mechanismus, des schnellen Geldausgebens um die Krisen einzudämmen und die Wirtschaft zu stimulieren, werden wir so wohl auch in der Zukunft sehen. Bedenklich ist dabei, dass das Volumen, getragen vom Basiseffekt, in Größenordnungen vordringt, die irgndwann nur noch schwer zu handhaben sein werden. Denn ohne die Wirtschaftsleitung und die erwirtschaftete Möglichkeit den Schuldendienst zu erbringen, wird dies katastrophale Auswirkungen haben.

Wissen | Resilienz, Risikotragfähigkeit und Massenanfälle

Gerne spricht man von der Resilienz der Systeme, wenn es um die gefühlte Risikotragsfähigkeit eines solchen geht. Also die Frage, wie geht das System mit einem bekannten Problem und dessen Auswirkungen um. Wieviel kann dieses verkraften und wegstecken. Nun muss man jedoch erkennen, dass um so komplexer Systeme werden, also deren Vielschichtigkeit zu Wechselwirkungen und komplexen Ergebnissen führen, desto schwieriger ist es einen Massenanfall von Vorkomnisse händeln zu können. Sind wie bei Staatsschulden ganze Volkswirtschaften und deren globale Beziehungen betroffen, ist dies eine sehr komplizierte Angelegenheit und kann nicht mit einfachen Lösungen versehen werden. Denn neben den isoliert betrachteten Faktoren, kommen deren Wechselwirkungen und Korrelationen, Auto-Korrelationen etc. zum Tragen. Risikosysteme, also Systeme wie Volkswirtschaften, in denen Risikopositionen bestehen, entwickeln in solchen Konstellationen untypische Ausgangssituationen. Läuft man nun Gefahr, mit einfachen Antworten diese lösen zu wollen, kann es sehr schnell deutlich schlechter gehen. Was eine weitere Verschiebung ins Negative mit sich führt und somit den Prozess beschleunigt.

Als Lösungsansatz kann also nur ein schrittweises, individuelles und abgewogenes agieren gesehen werden, welches sich immer neu auf die dann aktuelle Ausgangssituation ausrichtet. Dies einer breiten Masse von Menschen, die es wie bei einer Volkswirtschaft dann betrifft, begreiflich zu machen, ist oftmals schwierig. Was die Vorgehensweise erschwert, verkompliziert und meist viel Zeit kostet. Je besser ein System auf ein Ereignis eingestellt und vorbereitet ist, desto besser ist dieses auch zu handhaben. Das solche Einflüsse und Ereignisse immer auch in die Finanzsysteme übergehen und hier für Reaktionen sorgen, ist selbstredend. Denn diese sind stark verwoben und eingebunden. Daher entstehen oftmals auch Kettenreaktionen, welche außenstehende Beobachter so nicht erwartet hätten.

Somit kann auch geschlussfolgert werden, dass das Gold als Nutznießer der steigenden Staatsverschuldung zu sehen ist. Durch diese entsteht eine Art Sogwirkung, welche den Goldpreis stark mit sich zieht. Dies führte unter anderem auch zu den starken Veränderungen im Goldpreis der letzten Jahre. Perspektivisch wird sich die Staatsverschuldung der USA deutlich ausweiten. Zumindest lassen sich diese Prognosen aus den Ankündigungen deuten. Wenn ein Staat jedoch immer mehr Schulden macht, immer mehr auf die kurzfristigen Effekte hofft und das große Ganze aus dem Blick verliert, ist das langfristig katastrophal. Dann kommen Fragen über Schuldentragfähigkeit und auch das Rating und damit die Ausfallwahrscheinlichkeit zu Tage. Die CDS-Spreads steigen und zeigen die Problematik auf. Doch sie beschreiben diese nur, das eigentliche Problem ist einzig und alleine das zu große Volumen im Markt. Daher muss hier ein tragfähiges Konzept erarbeitet werden, welches mittel- und auch langfristig sinnstiftend ist.

Es kann nicht funktionieren, die Schuldenobergrenze immer weiter zu verschieben. Eine gut funktionierende Volkswirtschaft kann dies zwar lange Zeit aushalten, doch in Schwächephasen kann es extrem negative Einflüsse mit sich bringen. Denn die Schuldenlast ist zu erbringen und diese muss auch in einer Rezession und in schwierigen Fahrwassern gestemmt werden. Das ein Staat per se Schulden tilgen möchte, ist ein Märchen. Denn er will sich das Geld ja nicht selbst entziehen. Er muss jedoch immer im Blick halten, dass er die Schulden bedienen kann. Dies muss in guten wie in schlechten Zeiten funktionieren. Sonst hat *„der Teufel Einzug gehalten im Tempel des Herrn"*.[50]

50 Vgl. Paul PP VI 1897–1978.

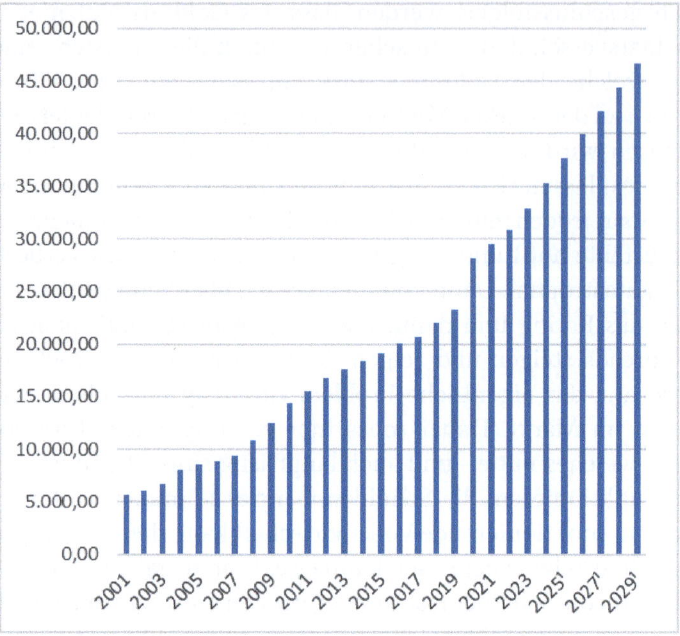

Abb. 8: US-Staatsverschuldung in Mrd. USD inkl. Prognose[1] (2025-2029) des IMF[51]

Exkurs | Kann man Risiken managen?
Ja, natürlich! Aber es geht eine sehr entscheidende Phase vor dem Risikomanagement voraus. Nämlich die, der Risikofrüherkennung. Denn nur wenn ich Risiken erkenne, kann ich mich auf diese vorbereiten und diesen begegnen. Wie wichtig dabei auch die Zusammenstellung der verschiedenen Risikoarten und Risikoklassen ist, zeigen in sich verwobene Risiken, welche zum Beispiel aus einer Finanzkrise oder aus einer deutlich ansteigenden Inflation entstehen können. Denn selten kommt ein Risikoereignis isoliert und/oder zieht nicht weitere Ereignisse oder Reaktionen nach sich. Daher ist das isolierte Risiko oftmals nicht vorhanden, sondern es handelt sich um Risikoketten. Daher ist es wichtig, sich kontinuierlich Gedanken über die einzelnen

---

51 Quelle: IMF. (2024). USA: Staatsverschuldung von 2001 bis 2023 und Prognosen bis 2029 (in Milliarden US-Dollar). Statista. Statista GmbH. Zugriff: 19. Januar 2025. https://de.statista.com/statistik/daten/studie/1975/umfrage/staatsverschuldung-der-usa/

Risiken und deren Verknüpfung zueinander zu machen bzw. diese modellbasierend aus- und zu bewerten.

Fazit: Gemeinsam in die Zukunft

Zieht man ein Fazit aus den vergangenen Seiten, so wird schnell klar, dass da wo Licht ist, auch immer mit Schatten zu rechnen ist. Die von den Zentralbanken angestoßene expansive Geldpolitik und der Glauben, mit billigem Geld kann man alles lösen, kann so nicht mehr komplett zurückgedreht werden. Es kann nur versucht werden, dass Geldmengenwachstum einzudämmen und vor allem die Wirtschaftsleistung durch anderweitige, zum Beispiel durch Innovation gestützte, Impulse anzuregen. Denn die Innovation ist in vielen Feldern die Kerntriebfeder und wird dazu führen, dass wir uns noch schneller verändern werden. Gerade die vergangene COVID-19-Pandemie hat gezeigt, wie ein solches Ereignis als Katalysator wirken kann.

Die Welt verändert sich stetig und in solchen Krisenzeiten schneller als sonst. Denn nun ist die Veränderung unabdinglich und muss vollzogen werden. Auch wenn einige Themen wieder zur Ursprünglichen zurückgehen werden, wird vieles nicht mehr zurückgedreht und unsere Welt wie auch unser Leben nachhaltig verändern. Es muss somit geschlussfolgert werden, dass wir in einem System der Virtualität von Wachstum (Geldmenge wie auch Realwirtschaft) angekommen sind. Dieses ermöglicht hier sehr viel aber stellt uns auch immer vor neue Herausforderungen.

Die Frage: „In welcher Welt wollen wir in der Zukunft leben?“ ist hier individuell für jeden einzelnen, wie auch für die Gesellschaft und letztendlich für unsere Volkswirtschaften zu beantworten. Haben uns in den vergangenen Jahren eher die Themen der Globalisierung beschäftigt, so scheint es derzeit in Richtung der verstärkten De-Globalisierung zu gehen. Eine Entwicklung, die auch in der Politik in vielen Ländern aufgegriffen und salonfähig gemacht wird. Dabei darf es jedoch nicht um Protektionismus und das Aushebeln von Gemeinsamkeiten und einem gemeinsamen Fortschreiten gehen.

Der freie und offene Welthandel und das gemeinsame Miteinander müssen geprägt sein von Vertrauen und gegenseitiger Offenheit. Der Multilateralismus ist die Antwort auf die großen Fragen dieser Zeit, denn das ist es, was wir auch den zukünftigen Generationen schulden.

Nicht das Einmauern in den eigenen vier Wänden, wie es leider Gottes nun vielmals projizierte wird. Die regelbasierende Ordnung, die wir kennen, scheint derzeit am Scheideweg zu stehen und in einer Art Dealmaking-Prozess -jeder ist sich selbst der Nächste- zu enden. Dies ist keine gute Vorstellung von einem Miteinander, wenn man hiervon überhaupt sprechen kann. Dies ist keine gute Entwicklung und man kann nur sehr hoffen, dass es hier zu einer Rückbesinnung auf ein gemeinsames Miteinander in einer geordneten und auf Regeln basierenden Ordnung kommt.
Die Goldreserven der einzelnen Länder können Abbildung 9 entnommen werden. Es ist gut zu erkennen, wie unterschiedlich hier die Gewichtung und Aufstellung ist. Dies erklärt auch, warum eine Volkswirtschaft als robuster oder als eher anfälliger eingestuft wird. Man könnte auch sagen, dass Gold ein Hedge der Zentralbank gegenüber der Volkswirtschaft ist und somit für deren Rückhalt im Aggregat sorgt.

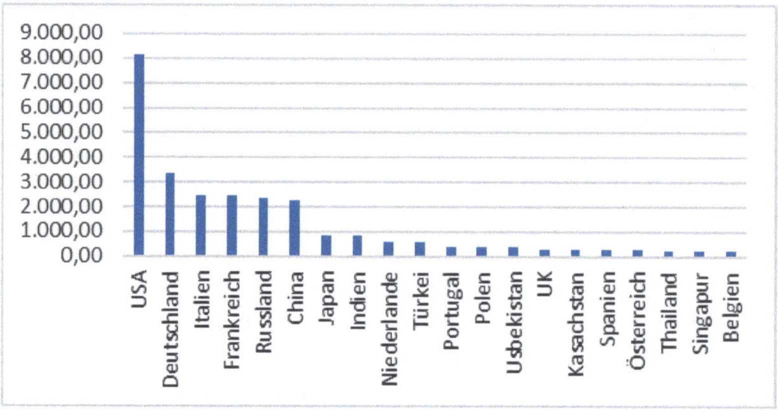

Abb. 9: Goldreserven ausgewählter Länder im Vergleich Stand 2. Quartal 2024 in Tonnen[52]

52 Quelle: World Gold Council. (2024). Länder mit den größten Goldreserven (in Tonnen; Stand: 2. Quartal 2024). Statista. Statista GmbH. Zugriff: 19. Januar 2025. https://de.sta-tista.com/statistik/daten/studie/156673/umfrage/laender-mit-den-groessten-goldreser-ven/

5 Basiswissen Investieren

5.1 Gold für private Investoren

„Münzen und Barren sind eine solide Anlage."

Diese oder ähnliche Aussagen hört man seit vielen hundert Jahren immer wieder. Und es stimmt, denn physisches Gold ist die einzige Möglichkeit, Geld wertbeständig und haptisch aufzubewahren. Das wusste schon Carl Barks Figur des Dagobert Duck, der es liebte, in seinem (Gold-)Geld-Speicher zu schwimmen. Doch es gibt viel mehr als die reinen Goldbarreninvestments. Nachfolgend werde ich einige der gängigsten Arten von Goldinvestitionsmöglichkeiten aufzeigen und erklären.

Die **physische Goldinvestition** mag dem einen oder anderen Investor als langweilig oder altmodisch erscheinen, betrachtet man jedoch die Entwicklung des Goldpreises, so kann dies im Handumdrehen widerlegt werden. Gerade seit dem Ausbruch der Finanzkrise haben die Investoren sich vermehrt dieser Anlagemöglichkeit zugewendet. Denn in Krisenzeiten wird Gold als sichere Investitionsmöglichkeit angesehen. Gerade in den komplexen und schwierigen Investitionszeiten und in Zeiten von nicht eindeutigen Nachrichtenlagen, zum Beispiel während der Staatsschuldenkrise in Griechenland, der globalen Finanzkrise oder auch der COVID-19-Pandemie, zogen es viele Investoren vor, ihr Vermögen lieber in physisches Gold als in Wertpapieren anzulegen. Immer getreu der Devise: Wertpapiere bestehen nur aus Papier, Gold bleibt Gold und somit ewiglich!

Die damit verbundenen Befindlichkeiten wie das Einlagern des physischen Goldes sowie die damit verbundene Versicherungsthematik können durch ein Bankschließfach mit Versicherungsschutz schnell gelöst werden. Dies schafft für den physischen Goldinvestor eine einfache und zielführende Verwahrung, ohne selbst das Risiko dafür tragen zu müssen bzw. die Verwahrung selbst zu organisieren. Welche Preisunterschiede (Handelskosten) die jeweiligen Gewichtsklassen an Gold haben, lässt sich der obigen Tabelle gut entnehmen. Daher ist anzuraten (das Preisgünstigste ist), wenn es geht, immer große 1-kg-Barren zu kaufen, da auf diesen die geringsten Handelskosten entfallen.

Hinweis
Bei der Betrachtung eines 1-kg-Barren werden Ihnen schnell einige Dinge auffallen, die auf diesen geprägt wurden. Deshalb wollen wir an dieser Stelle kurz auf die Prägung eingehen. Neben dem Logo und Namen der Bank oder des Prägers enthält dieser die Information zu Gewicht, Feinheit, Name des Herstellers und eine Seriennummer, mit der der Barren zugeordnet werden kann (s. Abbildung 10). Diese Prägung entsteht in einer Hydraulikpresse, nach dem eigentlichen Herstellungsvorgang eines Barrens, welcher aus Goldgranulat, das geschmolzen und in die jeweiligen Barrenform gegossen wird, hergestellt wird. Dabei sind die in Dore Bars noch vorhandenen sonstigen Erzbestandteile bereits in einem Vorverarbeitungsschritt entfernt worden, damit auch der gewünschte Reinheitsgrad erreicht wird.[53]

Abb. 10: Abbildung eines 1-kg-Goldbarren[54]

Wissen | König Krösus und die erste Goldmünze
Unter König Krösus (590–541 vor Christus) wurden um 560 vor Christus die ersten einheitlichen Goldmünzen geprägt und in Umlauf gebracht. Er gilt somit bis heute als der Erfinder der einheitlichen und fungiblen Goldmünzen.

Die einzige, jedoch nicht wegzudiskutierende Risikoproblematik wäre für den physischen Goldinvestor ein Goldverbot, wie es in den USA schon gegolten hat. Seinerzeit war der Besitz von Gold unter Strafe verboten. Dieses Risiko gilt als klassisches politisches Risiko und kann nicht umgangen

53 Vgl. Krämer, Birgit: Kompendium Goldenes Wissen, Commerzbank AG, 2013.
54 Bild eines Ausstellungsbarren zu Anschauungszwecken (Faksimile-Barren).

werden. Dieses wäre jedoch auch bei einem Aktienbesitzverbot der Fall oder dem Verbot von anderen Investitionsmöglichkeiten.

Rechnet man jedoch nicht mit diesem Worst-Case-Szenario, so ist die Investition von approx. 10 Prozent des Vermögens in physisches Gold anzuraten. Es gilt als Liquiditätsaufbewahrung und sollte auch nicht einfach wiederverkauft werden. An sich ist diese Position als Daueranlage im Familienbesitz zu halten.

Hinweis | Welche Barren oder Münzen soll ich kaufen?
Auch hier gilt wie immer im Leben, die Mischung macht den Erfolg aus. Neben klassischen Barren (von 10 gr. bis zu 1 kg) sind auch Goldmünzen anzuraten. Bei einem, zugegeben theoretischen Risiko eines Goldverbots wären diese gegebenenfalls noch nicht gleich oder gar nicht davon betroffen. Denn es ist mit einer großen Wahrscheinlichkeit anzunehmen, dass es im Worst-Case-Szenario nicht zu einem Goldverbot, sondern zu einem Verbot der Goldhortung kommt. Es wäre somit denkbar, dass gewisse Grenzen eingeführt werden oder dass zum Beispiel Münzen bis zu einem gewissen Grad zugelassen werden. Daher ist eine gute Mischung immer die beste Möglichkeit, um für alle Eventualitäten vorgesorgt zu haben.

Die Frage der Allokation muss jeder Investor an sich selbst beantworten. Hier kann man nur Leitplanken, wie keinen Lastigkeiten aufzubauen und sich stets an eine gute Diversifikation zu halten, mitgeben. Auch ist auf die Qualität der Instrumente zu achten, denn Substanzwerte unterliegen mit unter anderen Risiko- Parametern als spekulative Instrumente.

Als **klassische Substanzwerte** zählen:

- Aktien als Unternehmensbeteiligung,
- Immoblilien welche nicht nur Anlage-, sondern auch Cashflow-Objekte sind, sowie
- physisches Gold.

Der Bereich der **Rentenpapiere** (Bonds) sollte nur mit guten Bonitäten und überblickbaren Laufzeiten versehen werden (nur im Investmentgrade-Bereich liegende Bonds). Gerade die Krisenzeiten verlangen hier sonst einiges ab. Einen klaren Blick darauf erhält man, wenn man sich die Ausfallwahrscheinlichkeiten betrachtet. So hat eine AAA-Anleihe mit einem Jahr Laufzeit eine ca. Ausfallwahrscheinlichkeit von ~0,00 Prozent, eine Anleihe mit B-Rating jedoch schon von ~3,92 Prozent. Gehen wir auf dem Laufzeitenband in die Zukunft, so erhalten wir bei 15 Jahren Restlaufzeit folgende Werte: Die AAA-Anleihe weist ein Ausfallrisiko von ~1,20 Prozent auf, die B-Anleihe von ~31,16 Prozent. Dies zeigt deutlich den Zusammenhang zwischen Risikoklasse und Laufzeitband auf.[55] Dabei muss es ja nicht immer gleich zum Komplettausfall kommen, auch ein **Rating-Drift** bzw. eine neue Einschätzung am Markt kann zwischenzeitlich für Stress und unangenehme Kurse sorgen. Denn gerade anziehende **CDS-Spreads**[56] und eine zunehmend negative Risikobeurteilung sorgen hier für dementsprechende Bewegungen. Abbildung 11 zeigt die CDS-Spreads von exemplarisch und zur Darstellungszwecken gewählten Banken auf.

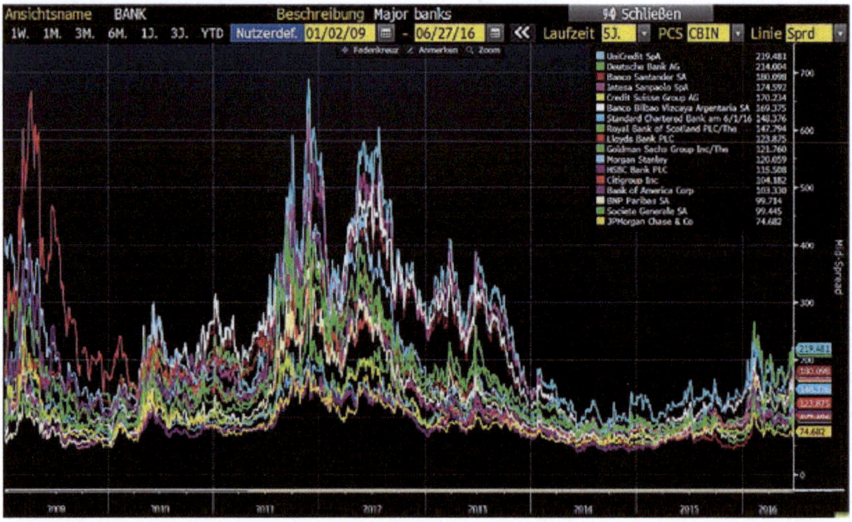

Abb. 11: CDS-Spreads ausgewählter Banken[57]

55 Quelle: S&P Global Ratings, Stand 13.4.2017.

56 Credit Default Swap (CDS): Kreditausfallversicherungen, welche neben dem Instrument durch dessen Preis ein Einschätzungsinstrument für das Risikogeschehen des Underlying darstellen.

57 Bloomberg.

Sehr gut zu erkennen ist, wie in den Krisenjahren die CDS-Spreads angezogen haben und wie stark und schnell diese reagieren. Vergleicht man die dargestellten Banken mit den Staaten als Emittenten von Bonds (Abbildung 12), so kann man ein ähnliches Bild ausmachen. Letztendlich kam es in der damaligen Phase erst durch Mario Draghi und seine legendäre Londoner „Whatever It Takes-Rede" am 26. Juli 2012 zu einer deutlichen Entspannung der CDS-Spreads und der Kreditmärkte. Diese leitete zudem eine neue Zeitrechnung in der EZB-Politik ein.

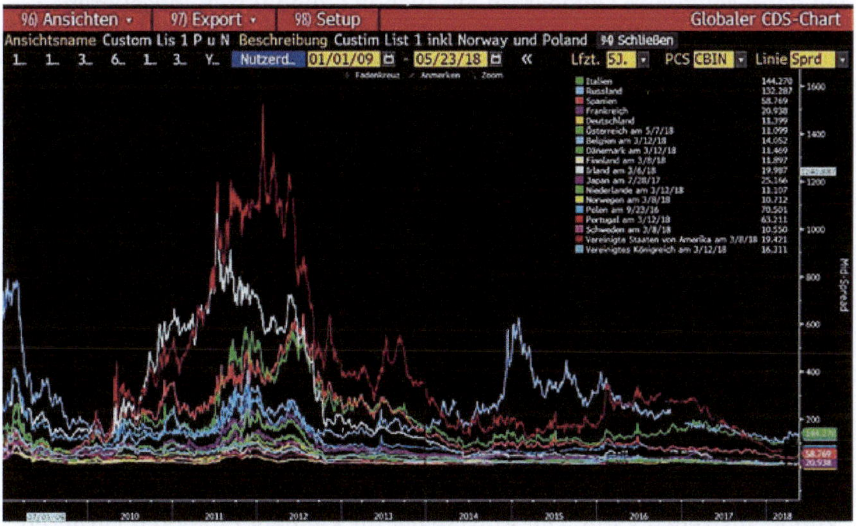

Abb. 12: Ausgewählte Staatsanleihen-CDS-Spreads[58]

Wissen | Goldene Börsen

Der London Bullion Market ist einer der wichtigsten Handelsplätze für Edelmetalle. Seit 1919 wird hier der Weltmarktpreis für Gold festgestellt. Dazu werden zwei Gold-Fixings durchgeführt. Das erste um 10.30 Uhr und das zweite um 15.00 Uhr London Time. Neben dem London Bullion Market findet ein reger Handel an den Warenterminbörsen statt. Damit kann Gold sowohl im Spot-Market als auch auf Termin

58 Bloomberg.

gehandelt werden. Für die Belieferung gibt es festgelegte Reinheitsgrade und Mengenangaben. Diese werden permanent überwacht. Somit ist stets gewährleistet, dass das gelieferte Gold genau den Anforderungen entspricht.

Wie investiere ich in physisches Gold?

Man kann sowohl in Goldbarren als auch in Goldmünzen investieren.

Hinweis
Es ist dabei zu beachten, dass, je kleiner die Einheit und je aufwendiger die Münzprägung ist, desto höhere Kosten mit der Goldtransaktion verbunden sind. Die in Kinofilmen so oft gezeigten 12,5 kg-Barren (genau 12,441 kg, was 400 Unzen entspricht), welche zum Beispiel in James Bond-Abenteuern eingesetzt werden, sind nur als reine Industriebarren (Zentralbankbarren) zu haben und nicht für den privaten Verbraucher zu bekommen. Sie dürfen durch diese auch nicht erworben werden. Die Auslieferung an Berechtigte erfolgt mit einem internationalen Gütesiegel und somit mit einem Echtheitszertifikat.[59]
Somit ist der ein 1 kg-Barren das größte und aus Kostengründen das sinnvollste Investment in physischem Gold, welches man als Privatkunde anstreben kann. Die Aufschläge für kleinere Einheiten variieren und sollten von Ihnen vor Abschluss der Transaktion eingeschätzt und beurteilt werden.

Goldmünzen, wie zum Beispiel

- Krugerrand,
- Maple Leaf,
- American Gold Eagle oder
- Australian Gold Kangaroo

59 Vgl. Krämer, Birgit: Kompendium Goldenes Wissen, Commerzbank AG (2013).

sollten in einem Verhältnis von ca. 20 Prozent dem Goldbestand beigefügt werden. Dabei sind zum Beispiel auch alte Goldmünzen wie die Kaiserreich-20-Mark-Münzen eine denkbare Alternative.

Exkurs
Übrigens, der gesamte private Goldbesitz in Deutschland betrug im Jahr 2024 9.034 Tonnen! Dies sind ca. 1.500 Tonnen Tonnen mehr als noch im Jahr 2010. Dabei entfallen 5.229 Tonnen auf physische Anlagen und 3.805 Tonnen auf Schmuck.[60]

Wissen | Die größte Goldmünze der Welt
Die größte Goldmünze der Welt kommt aus Australien und wiegt eine Tonne. Sie hat einen Durchmesser von 80 cm und ist 12 cm dick. Sie zeigt das australische Känguru als Prägung. Rein theoretisch wäre die Münze in Australien gesetzliches Zahlungsmittel, wenn sich dies auch praktisch nur schwer umsetzen lässt.

Wie kauft man eigentlich Gold?

Dies ist in der Regel sehr unkompliziert: durch einen Anruf bei der Bank. Große Filialen und eigenständige Banken haben immer gewisse Goldbestände auf Lager. Sollte dies nicht der Fall sein, kann jede Bank diese bestellen und dann an den Kunden ausliefern. Dabei wird der Kauf von Gold, bei einer Bank, wie der Kauf von Sorten (Kauf von fremden Währungen) abgewickelt. Der Kunde erhält dabei von der Bank eine Kauf-Abrechnung und die Edelmetalle ausgehändigt.

Exkurs | Goldener Abschied von der D-Mark
Anlässlich des Abschieds von der D-Mark wurde in Deutschland 2001 eine Gedenkgoldmünze geprägt. Es handelt sich dabei um eine in Gold gefertigte 1-DM-Münze. Diese wurde zu 250 DM (127,83 Euro) zum Verkauf angeboten. Heute (12/2024) wird diese mit ca. 1.141,90 Euro (2.233,36 DM) gehandelt.[61]

---

60 Quelle: ReiseBank AG; Steinbeis Research Center for Financial Services (CFin), Statista.
61 Vergleichspreis -freibleibend- über https://www.moroder-scheideanstalt.de/1-deutsche-mark-gold/ (abgerufen: 18.12.2024)

Kann ich das Gold auch zuhause aufbewahren?

Ja! Es ist nicht vorgeschrieben, dass das Gold in einem Banksafe verwahrt werden muss. Es besteht auch die Möglichkeit, das Gold mit nach Hause zu nehmen und dort zum Beispiel in einem Safe zu verwahren. Dabei ist jedoch zu beachten, dass gegebenenfalls eine Versicherung dafür anzuraten ist. Es gibt auch so genannte Edelmetalldepots, wo professionelle Edelmetallverwalter die Verwahrung des Familienschatzes übernehmen. Dabei werden lediglich die Verwahrung und Verwaltung der Bestände übernommen. Der Investor selbst bleibt Inhaber der Edelmetalle und kann jederzeit darüber verfügen. Welche der Alternativen für die persönliche Situation am ehesten infrage komme, muss jeder Investor selbst entscheiden.

Hinweis
Es sind bei einer solchen Entscheidung folgende Punkte zu beachten:
Wie schnell komme ich an mein Gold heran?
Gibt es im Krisenfall eine Möglichkeit, an das Gold zu kommen?
Welche Dienste werden für mich übernommen?
Welche Kosten entstehen für mich?
Was könnte gegen eine solche Verwahrung sprechen?

Kann ich das Gold auch wieder verkaufen?

Ja, jede Bank kauft das Gold auch wieder zurück. Der Rückkauf funktioniert wie der Kauf auch am Schalter der Bank. Dabei bekommt der Kunde den Goldankaufkurs. Der Goldankauf und Verkaufskurs unterscheiden sich etwas. Man spricht von der „**Geld-Brief-Spanne**“. Dies ist ähnlich wie bei Wertpapieren. Auch hier sind diese Spannen vorhanden. Die Differenz zwischen Bankankaufskurs und Kundenverkaufskurs ist die Marge der Bank, die diese als ihren Gewinn aus diesem Geschäft verbuchen kann. Diese Gewinnmargen sind nicht sehr hoch, werden jedoch als Ertragsanteil aus dem Edelmetallgeschäft bei der Bank angesehen.

Die bekanntesten Goldmünzen:

American Gold Eagle	USA, 1/10 bis 1 Unze
Britannia	Großbritannien, 1/10 bis 1 Unze
Goldmark	Deutschland bis vor dem Ersten Weltkrieg
Krugerrand	Südafrika, 1/10 bis 1 Unze
Maple Leaf	Kanada, 1/20 bis 1 Unze
Goldvreneli	Schweiz, 10, 20, 100 Franken
Helvetia	Vorgänger des Goldvreneli
Nugget	Australien, ½ Gramm bis 1 kg
Panda	China, 1/20 bis 1 Unze

Wie groß ist ein physischer 1 kg-Goldbarren?

Dieser ist vergleichbar mit einer kleinen Tafel Schokolade oder dem nicht mehr ganz aktuellen iPhone der Firma Apple. Auch die Höhe trifft in etwa zu. Dabei ist jedoch zu beachten, dass diese kleine Tafel 1 kg wiegt. Dies kommt aufgrund der hohen spezifischen Dichte von Gold zustande und überrascht oftmals, wenn man einen solchen Barren das erste Mal in der Hand hält.

Was sind die Vor- und Nachteile bei einer physischen Goldinvestition?

Neben dem Inflationsschutz, der Werterhaltungsfunktion (Versicherungsfunktion) und dem Entfallen eines jeglichen Kontrahenten-Risikos (bei physischem Zug-um-Zug-Geschäft) sind auch solche Themen wie die weltweite Fungibilität, eine große Akzeptanz und der reale Materialwert ein Argument für die Investition in Gold. Da Gold ein knappes Gut und somit nur begrenzt verfügbar ist, ist dies auch für die Zukunft so zu deuten. Als Risiken muss man jedoch sehen, dass Gold keine Zinsen bezahlt (ist Cashflow los), es unterliegt Marktpreisschwankungen sowie dem politischen Risiko eines angeordneten Goldverbots oder zum Beispiel einer speziellen Besteuerung, eines speziellen Zolls oder ähnlichem. Die Preisfindung findet gegen den

US-Dollar statt und ist mit einem Aufschlag (Premium) auf den originären Weltmarktpreis zu bewerten.[62]

Wie Sie erkennen können, ist es abzuwägen, ob und wie man in Gold investiert. Betrachtet man jedoch die einzelnen Faktoren, spricht vieles für ein Bodensatzinvestment in physisches Gold, da gerade dieses, vor allem nun auch in Zeiten ultraniedriger bzw. niedrigen Zinsen, einen guten realen Werterhaltungsansatz bietet. Dies gilt auch für systemische Risiken, Inflationsrisiken oder Risiken im Zusammenhang mit der Währungspolitik.

Hinweis
Man sollte daher den Investments der Notenbanken folgen und wie diese (natürlich in einem anderen prozentualen Umfang) über Goldinvestments nachdenken. Die jeweils von Ihnen gewählte Investitionsart, ob physisch in Form von Wertpapieren oder gar in Derivaten, bleibt hier völlig offen. Da man mit allen drei Investitionsmöglichkeiten jedoch unterschiedliche Grundziele (vom absoluten Werterhaltungsansatz bis hin zur Spekulation; von langfristigen Investitionen bis hin zur kurzfristigen Partizipation an Preisveränderungen) verfolgt, sollten alle auch dementsprechend abgewogen werden. Es macht somit durchaus Sinn, sich über den eigenen „Goldschatz" Gedanken zu machen.

5.2 Gold für wertpapieraffine Investoren

Alternativ zum Investment in physisches Gold gibt es viele Anlagevehikel, welche Gold als Basiswert (im Fachjargon: Underlying) haben. Nachfolgend werde ich die „gängigsten" kurz aufzeigen. Dabei ist zu beachten, dass diese im Vergleich zu Gold eine komplett andere Volatilität aufweisen können. Ebenfalls ist zu beachten, dass nicht jeder Investor, welcher zum Beispiel Goldmünzen als Liquiditätsschutz kauft, auch derivative Instrumente auf Gold handeln sollte. Laut einer Umfrage von pro aurum (2020) haben 76 Prozent der Befragten in Deutschland angegeben, das dieses Gold als eine gute Ergänzung zu anderen Geldanlagen sehen. 71 Prozent sieht in Gold eine sichere Geldanlage, 54 Prozent denkt es ist was für risikoscheue

62 Vgl. Krämer, Birgit: Kompendium Goldenes Wissen, Commerzbank AG (2013).

Investoren und 50 Prozent geht von einer nachhaltigen Kurssteigerung aus.[63] In einer Heraeus-Umfrage gaben darüber hinaus 67 Prozent an, dass sie Gold wegen dem Werterhalt kaufen, 63 Prozent sehen einen sicheren Hafen für Krisenzeiten darin und 50 Prozent einen Inflationsschutz.[64]

Exkurs | Sind Gold und Investoren wirklich immer beste Freunde?
Viele Investoren schrecken von negativen Nachrichten zusammen und gerade in Krisenzeiten, wo stark negative Schlagwörter wie: Bonitätsverschlechterung (auch im Sinne von Rating-Drift), Sorgen um Anleihe-Emittenten, evtl. Emittenten- und Staatsbankrotte sowie Pleitewellen und ähnliches zu den Schlagzeilen gehören können, suchen diese einen sicheren Ausweg. Somit wird oftmals schnell und zielsicher der „sichere Hafen" einer Gold-Investition angesteuert. Dabei muss einem jedoch klar sein, dass auch Gold einer Volatilität und einem Marktpreisrisiko unterliegt. Es ist somit kein risikoloses Investment. So war Gold von Anfang der 1980er-Jahre bis Mitte 1999 keine wirklich gute Investition, ganz im Gegenteil! Hier mussten Investoren einen langen Atem bewahren, um wieder mit der Goldinvestition glücklich zu werden.[65] Doch gerade dies zeigt auch auf, wie wichtig ein langer Anlagehorizont bei Gold-Investments ist. Ein Ewigkeitsinvestment kann zwar auch zur kurzfristigen Spekulation verwendet werden, entfaltet seine wahre Funktion jedoch erst in der Langfristigkeit.

Gold-ETC

Bei einem ETC handelt es sich um einen **Exchange Traded Commodity**, also ein börsengehandeltes Rohstoffderivat. Diese erfreuen sich wachsender Beliebtheit, da sie preisgünstig zu handeln sind. Die ETC werden an der Börse gekauft und als ganz klassisches Wertpapier im Depot verwahrt.[66] Der Investor bekommt folglich ein Wertpapier eingebucht und keine physische Goldposition, wie dies zum Beispiel bei einem physischen Goldkonto der Fall wäre. Er kann mittels dieser ETC-Lösung auf ein Steigen des Goldpreises

63 Quelle: pro aurum; zur Verfügung gestellt im Sammelband über STATISTA.
64 Quelle: Haereus; zur Verfügung gestellt im Sammelband über STATISTA.
65 Vgl. Deutsche Bundesbank; Fairvalue; zur Verfügung gestellt über STATISTA.
66 Sonderform einer Inhaberschuldverschreibung des Emittenten.

und dadurch auch ein Steigen des ETC setzen. Da die ETC so einfach zu handeln sind wie eine Aktie, kann der Investor jederzeit ein- und aussteigen. Er kann Stop-Loss-Limits setzen und auf technische Trading-Marken damit reagieren. Diese Flexibilität ermöglicht es auch kleineren Investoren Strategien aufzubauen, welche sonst nur mit einem deutlich höheren Volumen machbar sein würden. Die ETC sind artverwandt mit den ETF den Exchange Traded Funds. Da in der öffentlichen Darstellung die beiden Begriffe oft miteinander vermischt werden, wird in der Berichterstattung oft keine klare Abgrenzung gezogen.

Die Emittenten[67] haben die Möglichkeit, diese ETC auf verschiedene Art und Weise zu konzipieren und aufzubauen. Welche Konstruktionsweise gewählt wird, kann der Investor nicht beeinflussen und sollte sich daher über den Emittenten informiert halten. Die teilweise sehr großen Volumina in solchen Finanzmarktprodukten führen auch zu einer gewissen Marktmacht bzw. Einflussnahme auf die Preisfindung der jeweiligen Underlyings. Daher ist es notwendig, dass man sich auch über die Größenordnungen unterrichtet hält. Die kann bei Verwerfungen im Markt auch zu Beschleunigungen von Bewegungen führen, bietet jedoch auch einer großen Gruppe von Investoren die Möglichkeit schnell und zielgerichtet zu investieren.

Vollsynthetisch

Bei dieser Variante wird kein Gramm Gold gekauft. Die Performance des Goldpreises wird komplett über einen **Performance-Swap** in den ETC eingebracht. Dabei ist ein Swap ein bilaterales OTC-Derivat[68], dass lediglich die Performance in das Finanzprodukt einbringt, jedoch in keiner Art je das Gold gehandelt hat. Der ETC ist komplett synthetisch aufgebaut und es wurde für diesen keine physische Hinterlegung vorgenommen. Vorteil ist der ETC hat wenig Kosten und ist einfach aufzubauen. Der Nachteil

---

67 Als Emittenten werden die ausgebenden Finanzintermediäre bezeichnet, welche das Produkt entwickeln, auflegen und betreuen. Jedes begebene Zertifikat unterliegt dem Adressenausfallrisiko des Emittenten und ist somit direkt an dessen Bonität gebunden. Durch die Möglichkeit der Besicherung von Zertifikaten, kann das Emittenten-Risiko minimiert werden.

68 OTC bedeutet Over The Counter; es ist ein bilaterales individuelles Finanztermingeschäft zwischen zwei Parteien, welches ohne Einbezug einer Börse abgeschlossen wurde. Diese OTC-Derivate werden auf der Grundlage des ISDA-Masteragreement abgeschlossen und unterliegen dem Counterparty-Risk der Gegenpartei.

ist das Risiko in Wirklichkeit kein physisches Gold zu besitzen und im Falle eines Problems das Kontrahenten-Risiko zu tragen. Dieses wird i. d. R. über einen Sicherheiten-Pool ausgeschlossen bzw. über das Central Counter Party Clearing (CCP) abgewickelt und somit eliminiert.

Teilsynthetisch bzw. teilreplizierend

Bei diesen ETC werden Teile über den Swap (wie im obigen Beispiel erklärt) abgedeckt und Teile über eine Einlage in physischem Gold. Es handelt sich hierbei folglich um eine Mischform. Diese wird oft aus Kosten- und Abwicklungsgründen gewählt und kann sehr vorteilhaft sein.

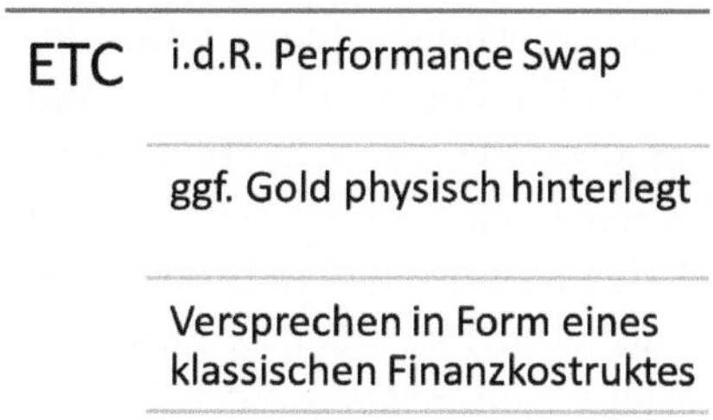

Abb. 13: Performance-Swap (schematische Darstellung) sowie physische Position auf Gold (als Bodensatzinvestement für den ETC)

Vollreplizierend / hinterlegte ETC

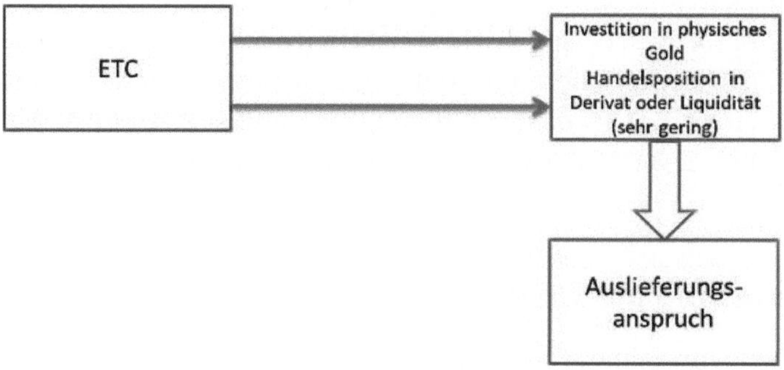

Abb. 14: Physisch unterlegter ETC mit Auslieferungsanspruch

Hier wird das Geld wirklich in Goldbarren investiert und es besteht ein **Auslieferungsanspruch** gegenüber dem Emittenten. Dieser wird bei Wunsch das geforderte Gold physisch liefern. Große Emissionshäuser veröffentlichen durchgängig Berichte, denen zu entnehmen ist, wie groß der derzeitige Bestand an physischem Gold tatsächlich ist. Der Investor kann somit nachvollziehen, ob das Gold wirklich vorhanden ist und der Auslieferungsanspruch dadurch erfüllt werden kann. Die Transparenz, für den Investor, ist somit gegeben. Jedoch muss beachtet werden, dass für die Auslieferung aus dem ETC deutliche Abwicklungskosten anfallen können.

> Als **Beispiel** für einen komplett mit Gold hinterlegten ETC kann man den Marktführer in Europa, Xetra Gold, nennen. Dabei handelt es sich um eine mit Gold hinterlegte Inhaberschuldverschreibung der Deutschen Börse Commodities GmbH. Der Handelsstart für Xetra Gold war am 17.12.2007. Die Anleger haben gegenüber dem Emittenten einen Auslieferungsanspruch an physischem Gold, welcher diesen durch Positionen von physischem Gold und kleine Positionen in Buch-Gold/Cash (sonst wäre der Handel nicht realisierbar) zu jeder Zeit erfüllen muss. Im Jahr 2024 war der Goldbestand von Xetra Gold bei 166,5 Tonnen. Der bisherige Höchststand wurde im Jahr 2021 mit 238 Tonnen erreicht.[69]

Die Lieferung erfolgt pro **Teil-Schuldverschreibung** zu einem Gramm physischem Gold. Durch das Vehikel des ETC ist das physische Gold so fungibel wie eine Aktie und ebenso schnell zu handeln. Da eine Auslieferung jedoch immer kompliziert und ggf. auch mit Kosten verbunden ist, sollten Investoren, welche physisches Gold wirklich besitzen wollen, das Investment auch so aufteilen. Ein Teil sollte in physisches Gold und ein Teil sollte in einen ETC, welcher hinterlegt ist, angelegt werden. Mit dieser Portfoliobildung kann der Anleger nochmals eine Risikostreuung durchführen.

Reverse Convertible auf Gold

In den Fachmedien wurde in den vergangenen Jahren auch über Goldanleihen gesprochen. Diese haben Gold zwar als Underlying, sind insofern vom

69 Quelle: Deutsche Börse; Statista.

Goldpreis abhängig, verbriefen jedoch nur in den seltensten Fällen einen Auslieferungsanspruch gegenüber dem Investor. Das Anlageziel ist somit die reine Investition in die Veränderung des Goldpreises. Gold wird in diesem Fall zum Auszahlungsprofil bestimmenden Underlying.

Wissen | Reverse Convertible und Discountzertifikate
Bei beiden Zertifikate-Konstruktionen handelt es sich um dasselbe Grundgebilde. Wird bei einem Reverse Convertible ein Kupon nach außen gezeigt, so ist dies bei einem Discountzertifikat der Preisabschlag im Zertifikat selbst. Konstruiert (Backhedge) sind beide Varianten gleich. Als Definition gilt: Es handelt sich um Inhaberschuldverschreibungen mit Tilgungswahlrecht des Emittenten.[70]

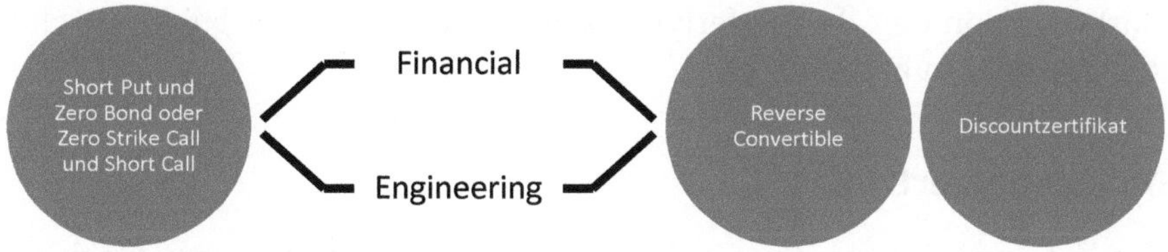

Abb. 15: Discountzertifikat und Reverse Convertible

Die Goldanleihe

Eine Goldanleihe wird, wie eine Aktienanleihe auch, mittels Derivate dargestellt. Von der Konstruktion sind beide identisch und man spricht von so genannten Reverse Convertibles. Dabei werden entweder ein **Zero Strike Call** (zur Abbildung des synthetischen Underlying) und ein **Short Call** (als Renditekomponente) miteinander kombiniert oder ein **Zero Bond** (Sicherung und Anlage der Liquidität, in der Praxis ist dies das Funding Leg, welches von der Treasury bezahlt wird) und ein **Short Put** (Renditekomponente und Entscheidungstrigger für die Rückzahlung). Für beide Varianten gilt, wird die Barriere der Goldanleihe getroffen, erhält der Investor eine Rückzahlung zum aktuellen Goldpreis, folglich also zum Marktpreis. Wird diese nicht getroffen, erhält er die Auszahlung in 100 Prozent des von ihm

70 Vgl. Bloss, M.: Financial Engineering.

investierten Kapitals. In beiden Fällen erhält er eine Zinszahlung für die Laufzeit der Goldanleihe.[71]

Zusammengefasst kann gesagt werden, dass es sich grundsätzlich um eine Inhaberschuldverschreibung des Emittenten handelt, welche mit einem Tilgungswahlrecht ausgestattet ist. Die Barriere in der Goldanleihe repräsentiert dieses Tilgungswahlrecht. Wird diese getroffen, erhält der Investor eine Rückzahlung zum Goldpreis, wird diese nicht getroffen, erhält er sein eingesetztes Kapital zurück. Die Zinskomponente ist nicht variabel und wird folglich immer bezahlt.

Mit einem solchen Derivat kann ein „Rentenersatzpapier" dargestellt werden. Da der Investor nicht unmittelbar vom Goldpreis profitiert, ist das Derivat ein reines Zinsinstrument dessen Auszahlungsprofil vom Goldpreis und dessen Entwicklung abhängt. Es ist darauf zu achten, dass gerade beim Beimischen von solch derivativen Rentenpapieren bei einer gegenläufigen Marktreaktion (auf das Underlying) ein höheres Risiko als bei klassischen Rentenpapieren bestehen kann.

Goldhebelzertifikat

Hat der Investor bei der Goldanleihe nicht unmittelbar vom Goldpreis profitiert, so macht er dieses bei einem Hebelzertifikat auf Gold. Dieses ermöglicht dem Investor, am Goldpreis, wie der Name schon sagt, mit einem Hebel zu profitieren. Er hat die Möglichkeit, ein Long-Zertifikat zu kaufen, also von einem Ansteigen des Goldpreises zu profitieren, oder er kauft ein Short-Zertifikat und profitiert von einem Fallen des Goldpreises. Beide werden über **Futures** auf den Goldpreis realisiert, bzw. über die Delta-1-Position im Tradingbook abgedeckt. Bei Futures gibt es eine **Sicherheitenhinterlegung**, diese wird **Margin** genannt. Bei den „verbrieften Futures", in Form der Hebelzertifikate, wird diese durch die Einzahlung (den Kauf) in das Zertifikat gedeckt. Sobald diese aufgebraucht ist (durch eine gegen die Erwartung laufende Marktbewegung), verfällt das Hebelzertifikat wertlos oder annähernd wertlos (zum Beispiel mit 1 Cent Restwert). Man spricht nun vom Knock-out.

71 Diese kommt aus der Renditekomponente, die auch die Rückzahlungsvariante steuert: Variante 1: Short Call; Variante 2: Short Put.

Hinweis
Wer die Hebelwirkung unterschätzt oder falsch einschätzt, wird oftmals böse überrascht. Hebelzertifikate sind, wie Futures, Delta-1-Instrumente. Das bedeutet, sie folgen dem Underlying 1:1. Sie sind also absolut vom Underlying abhängig und durch dieses determiniert.

Goldminenaktien

Auch ein Investment in **Minenaktien** kann durchaus eine Überlegung wert sein. Denn gerade die Produzenten profitieren von steigenden Goldpreisen bzw. können bei diesen z. B. höhere Margen durchsetzen. In Abbildung 16 sieht man sehr gut, wie sich die frei zu Beispielzwecken gewählten Minenwerte zum Gold- bzw. Silberpreis entwickelt haben. Diese zeigen zwar eine Korrelation, dennoch kann die Entwicklung zeitlich different sein. Eine Aktie ist und bleibt eine Aktie, also ein Unternehmenswert mit all den Chancen aber auch Risiken. Wirtschaftet ein Unternehmen nicht gut, so wird die Aktie auch bei einem steigenden Goldpreis nicht profitieren. Denn einer Unternehmensbeteiligung liegen die dem Unternehmen verbundenen Gegebenheiten und Einflüsse zu Grunde. Hier entscheiden Unternehmensgewinne, Zukunftsaussichten und Dividendenzahlungen über die Entwicklung. Die unternehmerische Investition und das damit verbundene Risiko ist hier losgelöst vom Produkt, mit dem sich das Unternehmen beschäftigt, zu verstehen und einzuordnen.

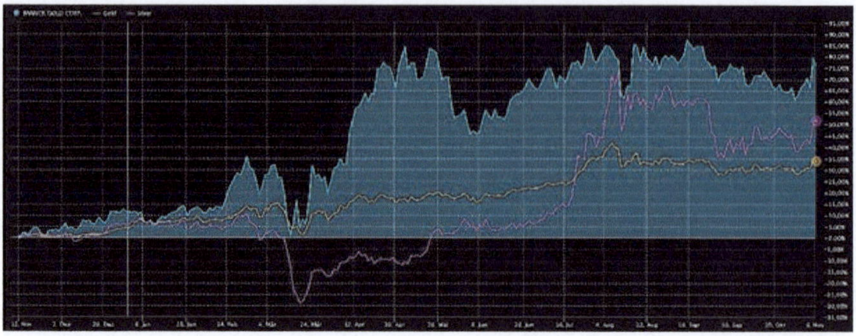

Abb. 16: Barrick Gold, Silberpreis und Goldpreis normiert dargestellt[72]

Dies liegt oft daran, dass die Ertragswirksamkeit erst nach dem Anstieg des Rohstoffes für die Minenbetreiber sichtbar wird. Des Weiteren ist unbedingt darauf zu achten, ob die Minengesellschaft einen **Grenzkostensatz** hat, der sich in der **Peer Group** befindet.[73]. Ist dieser teurer, wird das Unternehmen es schwerer haben Geld zu verdienen als ein Vergleichsunternehmen mit einem geringeren Grenzkostensatz. Eine ebenfalls nicht zu unterschätzende Komponente ist, ob das Unternehmen das gewonnene Gold bereits auf Termin zu einem im Vorfeld festgelegten Preis verkauft hat (Forward-Hedge). An sich ist gegen solche Transaktionen nichts einzuwenden, es muss jedoch beachtet werden, dass das Unternehmen bei steigenden Preisen von diesen nur noch bis zum vereinbarten Terminkurs profitiert. Gerade gegenüber Mitbewerbern, die dies nicht gemacht haben, könnte die Aktie relativ verlieren, da die Gewinnaussichten für das Unternehmen nicht unbegrenzt sind.

Hinweis

Es lohnt sich, auch stets ein Blick auf den NYSE Arca Gold BUGS Index vs. den physischen Goldpreis zu legen. Der im Jahr 1986 aufgelegte NYSE Arca Gold BUGS Index, auch HUI Index genannt, ist ein diversifizierter Goldminenindex (16 Minen werden derzeit in diesem abgebildet). Dabei

72 Quelle: Thomson Reuters.

73 Vgl. Spreemann, Klaus: Finance.

sind nur solche Minenwerte enthalten, welche sich nicht durch sogenannte Forward-Hedge-Transaktionen auf Preisänderungen abgesichert haben.

Die Entwicklung des Goldpreises schlägt auf diese Unternehmen deutlicher durch und daher ist die Aussagekraft höher. An diesem lässt sich die Entwicklung der Minen gut ablesen. Setzt man diesen ins Verhältnis zur Feinunze Gold, ergibt sich eine dementsprechende Trendaussage. Abbildung 17 zeigt die beiden zueinander auf und lässt den Unterschied gut erkennen.

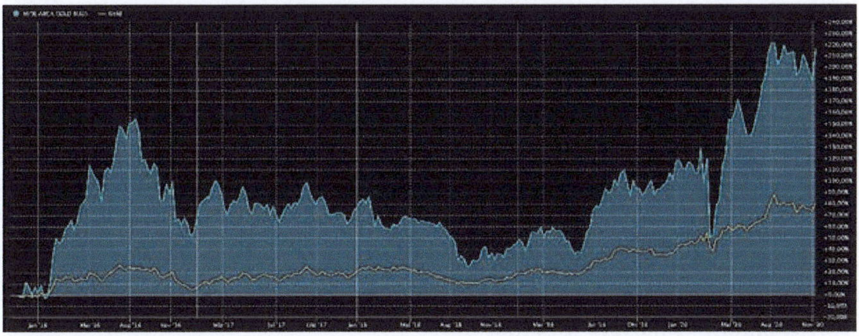

Abb. 17: NYSE Arca Gold BUGS Index (oberer Graph) vs. Goldpreis (unterer Graph) in US-Dollar[74]

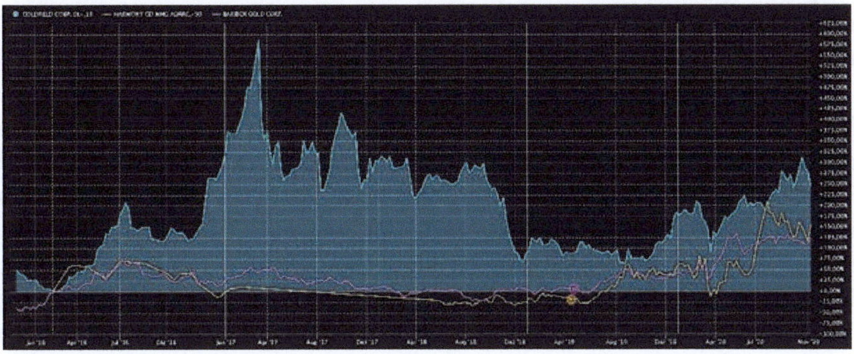

Abb. 18: Vergleich von Barrick Gold, Harmony Gold und Goldfields[75]

74 Quelle: Thomson Reuters.
75 Quelle: Thomson Reuters.

Ein sehr spannender Bereich ist die Bewertung der Bodenschätze von Minenunternehmen. Hier bedient man sich oftmals der Realoptionsmethode. Durch dieses Verfahren kann eine Aussagekraft über die zukünftige Ertragskraft des Unternehmens abgeleitet werden. Denn hat ein Unternehmen viele und große werthaltige Bodenschätze, ist dies höher zu bewerten, als wenn dies nicht der Fall sein sollte. Wie unterschiedlich sich einzelne Minenwerte bewegen können, ist der Abbildung 18 zu entnehmen. Dort werden drei unterschiedliche, exemplarisch ausgewählte, Minenwerte als Vergleich aufgeführt.

Die zehn größten Goldminen der Welt[76]

1. Nevada Gold Mine Komplex, USA
2. Murutau, Usbekistan
3. Grasberg, Indonesien
4. Olimpiada, Russland
5. Pueblo Viejo, Dom. Republik
6. Lihir, Papua-Neuguinea
7. Cadia, Australien
8. Boddington, Australien
9. Kibali, Kongo
10. Canadian Malarctic, Kanada

Da für viele, vor allem private Investoren, die Auswahl der geeigneten Minenaktien nur schwer umsetzbar ist, ist ihnen anzuraten, in einen großen und gut gemanagten Minenfonds zu investieren anstatt in Einzelminenwerte. Das Management wird hier von der Fondsgesellschaft übernommen und diese trifft auch die Einzelwertauswahl. Meist sind nicht nur Banker als Fondsmanager, sondern Geologen und Geophysiker daran beteiligt, welche eine deutlich tiefere Aussage über die jeweiligen Unternehmen treffen können. Gerade in so komplexen Anlageentscheidungen kann dies von entscheidendem Vorteil sein. Diese Fonds gibt es in einer klassischen währungsungesicherten Variante und oft auch in einer Quanto-Variante (vgl. Abbildung 19), bei der das Währungskursrisiko eliminiert worden ist. Der Investor trifft mit dem Kauf eines solchen Fonds nur die Entscheidung über die Investition in die Branche bzw. Fondsausgestaltung. Die Einzelwertinvestition übereignet er einem aktiven und professionellen Management, welches er im Vorfeld beurteilen muss. Es ist hier anzuraten,

76 Quelle: Gold.de (https://www.gold.de/goldminen/), abgerufen: 02.03.2025.

Vergleiche der einzelnen Fondsanbieter zu ziehen und diese sowohl qualitativ wie auch quantitativ zu prüfen.

Eine Vergleichsrechnung sollte fünf Jahre nicht unterschreiten und es sollten auch die weichen Faktoren, wie Aufstellung der Fondsgesellschaft und Ausbildung der Mitarbeiter betrachtet werden. Das Fondsvolumen sollte im Vergleich zur Peergroup nicht geringer sein und die im Fonds beinhalteten Strategien sollten für Privatkunden vollumfänglich transparent sein.

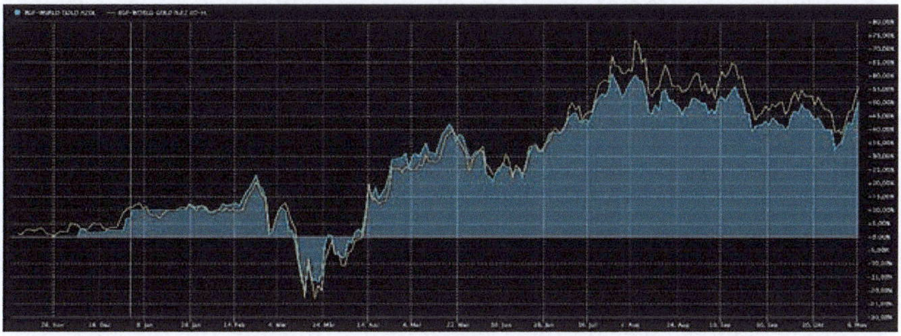

Abb. 19: BlackRock World Gold Fund vs. Quanto-Variante desselben Fonds[77]

Datenblatt zum als Beispiel herangezogenen BlackRock World Gold Fund[78]

Name	BR World Gold Fund
Typ	Aktienfonds
Quanto	nein (jedoch verfügbar; andere Tranche des Fonds)
Investition	96,7% in Edelmetallaktien 2,4% in Sonstiges 0,5% Festverzinsliche Produkte 0,4% Liquidität
Top 3 Länderstruktur	51,9% Kanada 15 % Australien 9,8% USA

77 Quelle: Thomson Reuters.

78 Quelle: BlackRock/Thomson Reuters Stand 12/2020.

Top 3 Holdings	Newmont Mining Barrick Gold Kinross Gold

Was uns die Historie ebenfalls gelehrt hat, ist, dass die Minenwerte bis zum Ausbruch der Griechenlandkrise den Goldpreis outperformed haben. Mit dem Umschalten der Märkte in den Krisenmodus hat sich dies geändert und der Goldpreis konnte sich absetzen. Die Korrelation bleibt jedoch bestehen. Daraus lässt sich ableiten, was auch für ein Investment in Einzelminenwerte gilt, dass in Krisenzeiten zwar die Aktie als Substanzwert gesehen wird, jedoch auch immer mit einem gewissen Angstfaktor im Markt behaftet ist und daher tendenziell etwas schwächer laufen kann als der Goldpreis, welcher hier im aktiven „Krisenmodus" der Märkte ansteigt.

Wie Sie erkennen können, ist ein Investment in Gold bei Weitem nicht langweilig oder gar nur etwas für **Buy-and-Hold-Investoren**. Die richtige Strategie für den richtigen Investorentyp macht den Erfolg aus. Denn die Möglichkeiten, welche die Derivaten-Instrumente für die Investoren bieten, machen eine Anlage in Gold ebenso interessant und kompliziert wie andere Anlageinstrumente. Gerade die Krisen der vergangenen Jahre und Jahrzehnte haben vielen Investoren deutlich gezeigt, dass man sich für alle Richtungen offenhalten muss und dass ein Investment in Gold nicht nur etwas für die Ewiggestrigen ist, sondern vielmehr aktueller ist als je zuvor. Egal ob als physischer Goldinvestor, als Unternehmensbeteiligung in Form von Minenwerten oder im derivativen Bereich, Gold bietet viele Möglichkeiten zur Investition. Dabei gilt es jedoch wie bei jeder Investitionsentscheidung, keine **Klumpenrisiken** aufzubauen und sich mit der Investitionsart umfänglich zu beschäftigen. Ausgehend von einem klassischen Portfolioaufbau muss sich der Investor dabei die Frage stellen, wie viel Risiko er tragen möchte und wie intensiv er sich mit seinen Investments beschäftigen will.

Erst wenn er bereit ist, Zeit zu investieren, ist über ein Investment in physisches Gold hinauszugehen. Denn die meisten dieser Investitionsmöglichkeiten benötigen zumindest einen gewissen Anteil an Aufmerksamkeit. Eine Aufmerksamkeit die über das „Weh und Wohl" des Investments entscheiden kann. Vor allem, wer derivative Positionen handelt, wird nicht umhinkommen, sich zeitintensiv um diese zu kümmern oder das Management zu delegieren (z. B. in Form einer Vermögensverwaltung). Wer eher eine Buy-and-Hold-Strategie verfolgt, ist mit Aktien oder gemanagten Produkten deutlich besser beraten, denn er überträgt die Einzelentscheidung zum Beispiel den Fondsmanagern. Er ist zum Kapitalgeber geworden, ohne aktiv in die Einzelinvestments einzugreifen. Ein solch mandatiertes Geschäft kann sehr vorteilhaft sein, nimmt jedoch die Chance, die Opportunitäten selbst auszunutzen und selbst zu handeln.

5.3 Goldderivate: Optionen und Futures auf Gold

Anders als Wertpapiere werden Derivate, in unserem Fall die Gattungen der Futures und Optionen, nicht an Wertpapierbörsen, sondern an Terminbörsen gehandelt. Es handelt sich folglich auch nicht um Wertpapiere, sondern um bedingte und unbedingte Termingeschäfte. Man spricht auch von Plain Vanilla Derivaten, also Derivate die hochstandardisiert und damit sehr liquide und transparent sind. Eine der berühmtesten Terminbörsen für Rohstoffe ist die **CME** in den USA. Hier wird Gold als Underlying auf viele Produkte gehandelt. So ist zum Beispiel der Handel von Optionen (bedingte Termingeschäfte, Delta kleiner 1) und Futures (unbedingte Termingeschäfte, 1:1 Abbildung des Underlyings) auf Gold möglich.

Den Investoren wird somit die Möglichkeit gegeben, aktiv auf ein Steigen (**Long Call und Long Future**) oder Fallen (**Long Put und Short Future**) des Goldpreises zu setzen und unter anderem bestehende Positionen abzusichern. Ebenso gibt es die Möglichkeit Stillhalterprämien zu vereinnahmen. Die Positionen nennt man dann Short Call und Short Put. Sie bilden die passiven **Stillhalterpositionen** zu den bereits aktiven Positionen der Long Variante.

Die Erfüllung der Termingeschäfte kann je nach Standardisierung des Kontraktes durch ein Cash Settlement bzw. durch eine physische Belieferung erfolgen. Es ist spannend zu sehen, welche Volumina hier geliefert werden und welche Auswirkungen diese Lieferungen für Lieferketten, Preise etc. mit sich bringen.

Wissen | Hinterlegung von Sicherheiten für Termingeschäfte
Für jedes abgeschlossene unbedingte Termingeschäft (Future) muss an der Terminbörse eine Sicherheit hinterlegt werden. Diese soll die Erfüllung bzw. die im Worst-Case-Szenario auftretenden Kosten zum Beenden des Termingeschäftes abdecken. Dies gilt auch für die Short-Seite bei

den bedingten Termingeschäften (Optionen). Die Long-Seite hat durch die Prämienzahlung bereits die erfolderlichen Zahlungen geleistet. Anders gestaltet sich dies bei Optionen, die auf Futures als Underlying laufen und über das Future-Style-Verfahren gecleard werden. Hier bestehen, aufgrund der nicht sofort bezahlten Prämien, Marginanforderungen die sich analog dem Future Clearing verhalten.

Gerade diese große Flexibilität und die Möglichkeit, Risikopositionen aktiv auf andere Marktteilnehmer zu übertragen, machen Termingeschäfte auch auf Gold so interessant. Es besteht nun die Möglichkeit, sich gegen Veränderungen des Marktpreises abzusichern oder diese aktiv in Kauf zu nehmen und darauf zu spekulieren. Da der Future gegenüber dem Underlying ein Delta von 1 aufweist, reagiert dieser genauso wie das Spot-Investment. Diesen Zusammenhang zeigt auch Abbildung 20 auf.

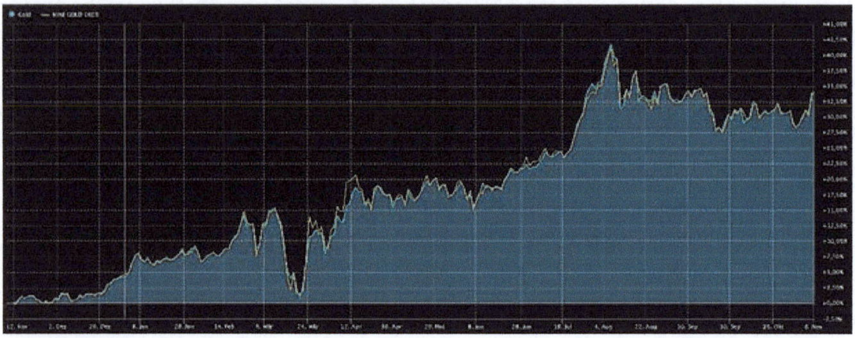

Abb. 20: Gold Spot-Preis vs. Gold Futures[79]

Wissen | Terminbörse
Eine Terminbörse ist ein Handelsplatz, an dem Termingeschäfte, hier in Form von Optionen und Futures, abgeschlossen werden. Es handelt sich um einen Marktplatz für Börsenteilnehmer (Hedger), welche ihre Risiken auf einen anderen Börsenteilnehmer (Spekulanten) übertragen wollen. Dabei unterscheidet man bei den gehandelten Termingeschäf-

79 Quelle: Thomson Reuters.

ten zwischen Optionen (bedingte Termingeschäfte) und Futures (unbedingte Termingeschäfte).
Die ersten Terminbörsen entwickelten sich im Rohstoffmarkt. Grund hierfür war, dass man große, in der Zukunft liegende Risiken absichern wollte. Viele Waren wurden auf dem unsicheren Seeweg transportiert und man konnte nicht sein ganzes Hab und Gut verloren wissen, wenn das Schiff den Zielhafen nicht erreichte. Heute sind neben diesen Warenterminbörsen auch Finanzterminbörsen am Markt etabliert und haben eine bedeutende Funktion.

Übrigens nur durch Termingeschäfte sind viele Produkte auf Gold überhaupt möglich. Daher sind die Terminbörsen und die **OTC-Derivate**-Märkte von großer Wichtigkeit für alle Investoren, nicht nur für diese, die dort direkt engagiert sind.[80]

Das Anlageobjekt Gold bekommt in diesem Zusammenhang einen ganz neuen Investitionsplatz zugewiesen. Dient es in physischer Form zur Absicherung des Gesamtvermögens und zur Sicherung der Liquiditätsvorräte, so ist es als Underlying selbst zum Spekulationsobjekt geworden. Die Gegenseite einer jeden Spekulation ist das Grundbedürfnis eines Investors sich absichern zu wollen. Diesem Grundbedürfnis des Menschen, dieses ist so alt wie die Menschheit selbst, kommen die derivativen Instrumente vollumfänglich nach. Die Goldderivate sind kein – wie oft in der Öffentlichkeit dargestellt – reines Spekulationsobjekt. Ganz im Gegenteil, für jede Spekulation gibt es immer eine Gegenseite, welche sich absichern möchte. Es handelt sich somit um eine Patt-Situation zwischen risikoaversen und risikoaffinen Investoren. Ein klassisches **Nullsummenspiel**!

In den USA werden **Futures auf Gold** gehandelt. Beim COMEX miNY Gold Future (CME) handelt es sich um einen dieser Futures, welcher sich auch durch seine nicht sehr große Kontraktgröße auszeichnet. Er ist damit sehr angenehm und passend handelbar.

Wie Abbildung 21 zeigt, wird der Future derzeit in einer steigenden Terminmarktkurve notiert. Man spricht von Contango. Praktisch gesagt, jeder Folge-Future ist höher notiert als der derzeit aktuelle. Das Gegenstück hierzu ist Backwardation, hier würde die Terminmarktkurve mit dem Laufzeitband abfallen. Das es auch zu Kombinationen innerhalb der Kurve kommen kann,

80 Vgl. Bloss, M.: Financial Engineering.

zeigt Abbildung 21 ebenfalls auf (Betrachtung Jan.–Mrz. 2021 -als Beispiel gewählt-). Beim Handel sollte man beachten, dass das große und liquide Handelsvolumen i. d. R. immer im nächstfälligen Kontrakt besteht und mit der Laufzeit abnimmt.

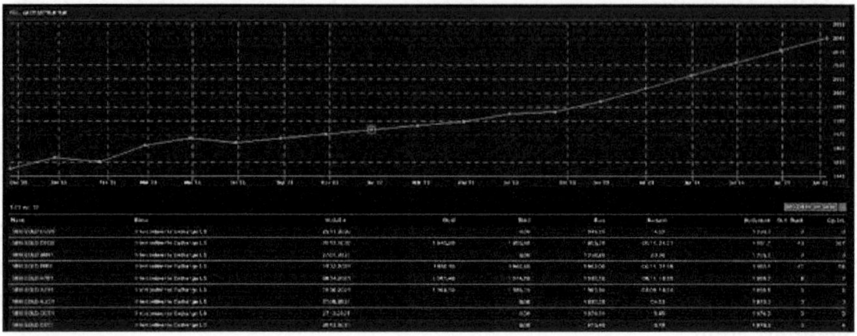

Abb. 21: Futures auf das Underlying Gold mit Terminmarktkurve[81]

Spezifikation	COMEX miNY Gold
Kontraktgröße	50 oz
Erfüllung	Barausgleich
Laufzeit	bis zu 24 Monate (bei 100 oz)

Grundsätzlich sollte der Handel in Optionen und Futures nur von erfahrenen und gut ausgebildeten und informierten Investoren vorgenommen werden. Gerade hier sind das gehandelte Volumen und die Komplexität der Instrumente (hier vor allem bei Optionen) zu beachten. Ist ein Investor jedoch daran interessiert so ist durch das richtige und sinnvolle Beimischen dieser Positionen eine gute Depotallokation zu generieren. Dabei ist die Angemessenheit der Positionen im Verhältnis zum bestehenden Portfolio zu beachten. Auch sollte eine „**Reihenschaltung**" von ähnlichen Instrumenten, wie zum Beispiel Future an der Terminbörse und Hebelzertifikate am Kassa-Markt, vermieden werden. Es handelt sich um dieselbe Grundintention, welche der Anleger in zwei verschiedene Instrumente überträgt. Aus Diversifikationsüberlegungen gegenüber dem Kontrahenten-Risiko ist dies gegebenenfalls

81 Quelle: Thomson Reuters.

machbar, sollte jedoch niemals aus Investitionsgründen vollzogen werden, da das Risiko in den Positionen additiv zu sehen ist. Hat ein Investor Sorgen um das Kontrahenten-Risiko (z. B., weil dieser nicht so bonitätsstark ist, oder die Transaktion nicht über ein externes Central Counterparty Clearing abgewickelt werden kann), so ist die Wahl des Futures an der Terminbörse tendenziell immer vorteilhafter, da hier über das Central Counterparty Modell (CCP) diese Risiken ausgeschaltet werden. Dies bedeutet, dass die Clearingstelle der Terminbörse für alle offenen Geschäfte einsteht und als zentraler Gegenpart fungiert. Somit hat man kein Adressenausfallrisiko der Gegenseite bzw. kann dieses (in Form des CCP) besser quantifizieren.[82]

82 Vgl. Bloss, M.: Financial Engineering.

6 Strategiewissen Investieren

6.1 Wie haben sich Goldinvestitionen in den vergangenen Jahren entwickelt?

Investments in Gold schwanken in der Gesamtgewichtung immer mit der aktuellen wirtschaftlichen und politischen Weltlage. Haben diese, Anfang der 1980er Jahre noch ca. 50 Prozent der Komplettproduktion ausgemacht, so reduzierte sich diese Zahl im Jahr 2000 auf etwas mehr als 5 Prozent. Im Jahr 2010 weist das World Gold Council wieder einen Wert von 40 Prozent in deren Reporting aus.[83] Diese Schwankungsbreite zeigt, in welchen Maßen in Krisenzeiten in Gold investiert wird bzw. in Phasen der Entspannung, hier speziell des Internetbooms und der aufkommenden **Dotcom-Blase** de-investiert wurde. Es zeigt jedoch auch auf, dass Goldinvestments einer Volatilität unterliegen und daher nicht per se als immer sicher gelten können. Es ist immer eine Frage des Betrachtungszeitraumes, welcher sich der Investor vorgibt. Ein Goldinvestor braucht i. d. R. einen langen Anlagehorizont.

Daher ist auch das Einbinden von Derivaten immer nur situativ zu betrachten. Denn wer permanent Cost of Carry bezahlt, wird nicht glücklich. Daher sind die Derivate als aktive Form der Nutzung zusätzlich zu den physischen oder in Wertpapierform verbrieften Goldpositionen zu sehen.

Wissen | Cashflow und Wertentwicklung
Bei der Wertentwicklung von Gold ist zu beachten, dass das Investment keine laufende Verzinsung erwirtschaftet. Diese ist in der Wertentwicklung im Aggregat zu finden. Dies bedeutet, dass kein Cashflow aus der Investition entsteht. Dies wird oftmals ins Feld geführt. Dabei ist jedoch zu beachten, dass dies ggf. irrelevant ist, da die Gründe für eine Investition in Gold oftmals andere sind, als klassische Cashflows zu generieren.

83 Quelle: World Gold Council.

6.2 Anlagematrix Goldinvestments

Welchen Risikogehalt haben Goldinvestments und wie kann ich dieses kategorisieren? Grundsätzlich muss hier jedes einzelne Instrument beurteilt werden. Um eine gewisse Vereinfachung und somit eine oberflächliche Standardisierung zu erzeugen, zeigen wir einige gängige Gruppen von Investments auf Gold anhand der nachfolgenden Matrix -vereinfacht und standardisiert- auf:

physisches Gold (Barren und Münzen)	Goldzertifikate ohne Hebelzertifikate und sonstige Knock-out-Derivate; Delta = 1)	ETC auf Gold	Goldminen (Equity auf Goldproduzenten)	Goldzertifikate mit Hebel etc.	Goldderivate
*	**	**	***	****	*****

** = Marktrisiko Gold*
*** = Marktrisiko Gold und Emittenten-/Kontrahenten-Risiko (wenn nicht besichert)*
**** = Marktrisiko Gold respektive Aktienrisiko der Produzenten (Equity-Risk)*
***** = Marktrisiko Gold, Emittenten/Kontrahenten-Risiko (wenn nicht über CCP oder besichert) und Risiko der Struktur (Pay-Off-Risk), nichts für unerfahrene Investoren*
****** = Derivate (unterschiedlicher Ausgestaltung) mit dem Underlying Gold, nichts für unerfahrene Investoren*

6.3 Gold als Inflationsschutz?

Gold gilt als eine stabile Währung, daher ist auch von einem Inflationsschutz auszugehen. Denn sollte es zu einer Zunahme der Inflation kommen, werden viele Investoren ihre Papiergeldbestände in Gold umtauschen, was den Preis des Edelmetalls ansteigen lässt. Da Gold als einziger sicherer Hafen (**Notgroschenfunktion**) im Bereich der mobilen Investitionsmöglichkeiten angesehen wird, wird es die Funktion erfüllen. Dabei ist jedoch zu beachten, dass es dennoch zu, teilweise zeitlichen, Verschiebungen kommen kann. Außerdem ist Investoren, welche aus Inflationsgründen Gold kaufen, ans Herz zu legen, dies in physischen Beständen und nicht in verbrieften Goldinvestments zu tätigen.

Hinweis
Goldinvestments sind auch geeignet, um sich gegen eine ausufernde und unausgeglichene Notenbankpolitik abzusichern. Somit kommt Gold eine Wertsicherungsfunktion zu, welche in einem fungiblen Anlagevehikel sonst nur selten der Fall ist. Neben Qualitätsaktien und Grundstücken/Immobilen gilt vor allem Gold als Sachwertinvestment.

Das Gold ist in solchen Zeiten nicht als Wertzuwachsinstrument gedacht, sondern sichert einen direkten Werterhalt. Die Aufbewahrungsfunktion kommt hier voll zum Tragen. Historisch ist dies durch die Zeit der **Hyperinflation** (vgl. Deutschland 1914 bis 1923) belegt. In solchen Zeiten staffelt sich das Verlustrisiko. Am höchsten ist es bei Liquidität und Bonds, denn hier handelt es sich um keine Substanzanlangen. So wurden zum Beispiel 1923 die Kriegsanleihen wertlos.

Die anschließende **Währungsreform** bedeutete für die Bonds i. d. R. einen Totalausfall. Ähnliches galt für Lebensversicherungen und Spareinlagen. Aktienanleger hatten durch die Tatsache, dass eine Aktie ein Teilhaberpapier ist, einen Vorteil (vgl. Rechte eines Aktionärs). Die Börsen schwankten zwar deutlich, die Unternehmen bestanden jedoch oft fort und die Aktien, die Inhaberscheine des Unternehmens, konnten sich erholen. Auch Grundbesitz und Immobilien waren zum Substanzerhalt geeignet. Jedoch wurden auf Immobilien auch schon Sonderabgaben angeordnet (vgl. Lastenausgleich, 1952), welche die Freuden etwas getrübt hat. Gold und andere Edelmetalle behielten deren Wert und stiegen eher mit der Zeit an.

Vor der staatlichen Willkür, im historischen Falle dem Goldverbot (z. B. USA 1933-1974; Frankreich und Deutschland 1936-1945; Sowjetunion 1918-1987),[84] ist man jedoch nie geschützt.

Wir unterscheiden zwischen zwei Arten von Inflation.

- Die statistisch errechnete Inflation und
- die gefühlte, vom Verbraucher wahrgenommene Inflation.

84 Vgl. miningscout.de; gold.org; gold.de; zur Verfügung gestellt über STATISTA.

Die statistische Inflation wird mittels eines Warenkorbs ermittelt. Im Vergleich dazu ist die gefühlte Inflation von Verbrauchsgütern oft höher als die statistisch relevante, gemessene Inflation. Da der Warenkorb dies verzerrt. Abbildung 22 kann man die Entwicklung der Inflation in der Euro-Zone von 1997 bis Ende 2024 entnehmen. Sehr gut sichtbar ist das deutliche Anziehen der Inflation ab 09.2021 bis 09.2023. Danach lassen sich, zumindest hoffnungsvolle, Entspannungstendenzen erkennen.

Abb. 22: Inflation in der Euro-Zone 1997-Ende 2024[85]

Ein sehr spannendes Bild zeigt die US-Inflation auf. Abbildung 23 zeigt hier die lange Zeitreihe (zurück bis 1914) auf. Es ist deutlich zu erkennen, mit welcher Volatilität hier umgegangen werden musste und welches Spannungspotential hier vorhanden ist. Gerade in den Zeiten der großen Krisen ist dies deutlich zu erkennen. Ganz deutlich ist auch zu erkennen, dass man nicht nur die Inflation in Griff zu bekommen hatte, sondern auch die Deflation, welche deutlich schwerer zu bekämpfen ist. Gerade in solchen Zeiten ist Gold im wahrsten Sinne des Wortes geldwert!

85 Quelle. Bloomberg.

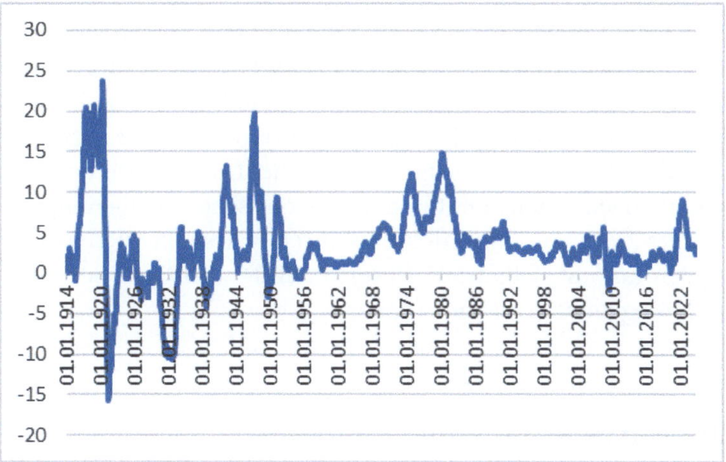

Abb. 23: CPI US-Inflation[86]

Wissen | Goldleihe

Bei einem Goldleihgeschäft werden Goldbestände, wie das Wort schon sagt, verliehen. Dafür erhält der Verleiher vom Ausleiher eine Leihprämie bezahlt. Er darf für die Ausleihfrist über das Gold verfügen und muss es nach dieser wieder zurückgeben. So können auf große und sonst unbewegte Bestände Einnahmen generiert werden. Auch Zentralbanken beteiligen sich an solchen Goldverleihaktionen. Schon in den 1980er Jahren wurde dies häufig gemacht, da der Goldbestand aufgrund des geringen Preises und einer nicht vorhandenen Phantasie keinen Gewinn abwarf.

Oft haben die Zentralbanken damals das Gold an Geschäftsbanken verliehen, die zum Beispiel das Gold verkauften und dann auf Termin bei Goldproduzenten dieses wieder auf Termin eingedeckt haben. Durch die Zeit bis zur Erfüllung konnten die Banken aus der bestehenden Liquidität Geschäfte abwickeln. Auch die Industrie leiht sich Gold. Dieses wird dann verarbeitet und in der Produktion eingesetzt. Die fertigen Waren werden verkauft und die Gold-Bestände später durch Rückkäufe wieder eingedeckt sowie an den Verleiher zurückgegeben.

86 Quelle: Bloomberg.

Diese Art von Leihe-Transaktionen sind völlig legitim und werden auch mit anderen Anlageklassen bzw. Produktionsgüter durchgeführt. Am Finanzmarkt ist das Security Lending (Eigenkapital-Strukturen) oder auch das REPO-Geschäft (Fremdkapital-Strukturen) eine ganz normale Transaktion. Besonders interessant sind solche Leihetransaktionen, wenn saisonale, nachfragebedingte oder geopolitische Gegebenheiten zu zeitlich verschobenen Preiseffekten führen. Diese können dann genutzt werden um mit Leihetransaktionen auf der richtigen Seite zu stehen und diese gewinnbringend zu nutzen.

6.4 Welche Korrelation weist Gold auf?

Korrelieren Gold und Aktien? Viele Jahre konnte diese Frage mit einem klaren nein beantwortet werden. Gold und Aktien sind i. d. R. un-korreliert. Doch aufgrund der internationalen Finanzkrise und der damit verbundenen Liquiditätsenge konnte teilweise eine Zunahme der Korrelation (wenn auch nur in geringem Umfang) festgestellt werden. Dies zeigt, dass auch in speziellen Zeitperioden, es zu einer Verschiebung kommen kann. Diese sich nach diesen Marktanomalien i. d. R. jedoch wieder auflöst. Auch ist zu beachten, dass eine Veränderung in der Korrelation ein Signifikanzniveau erreichen muss, um auch maßgeblich zu sein.

Betrachtet man Gold nun in Kombination zu anderen Rohstoffen, so fällt schnell auf, dass Gold und Silber eine hohe Korrelation zueinander aufweisen. Dies führt auch dazu, dass Silber umgangssprachlich als das Gold des kleinen Mannes bezeichnet wird. Es ist oftmals ein Abfallprodukt bei der Goldgewinnung und wird viel stärker industriell (z. B. Elektrotechnik, aber auch in der Medizin) eingesetzt als Gold. Ähnliches gilt für Platin (Nebenprodukt der Kupfer- und Nickelgewinnung) und Palladium (die Förderung findet meist gemeinsam mit Platin und somit auch in der Nickelgewinnung statt), welche stark in der Katalysatoren-Technik der Automobilindustrie eingesetzt werden. Diese beiden Materialien werden oftmals auch über Recycling Verfahren zurückgewonnen, da die originäre Produktion zu gering wäre.[87]

87 Vgl.: Krämer, Birgit: Kompendium Goldenes Wissen, Commerzbank AG (2013).

Hinweis
Es ist darauf zu achten, dass Silber auch ein stark verwendetes Industriemetall ist, welches verbraucht wird. Die geringste Korrelation weist Gold zu Henry Hub National Gas (Erdgas) auf.

	Light Sweet Crude Oil	NY Heating Oil	NY Gasoline	ICE Gasoil	Henry Hub Nat. Gas	Corn	Wheat	Soybeans	Sugar No.11	Coffee	Cocoa	GOLD	Silver
Light Sweet Crude Oil	1	0,8022	0,7342	0,5641	0,1482	0,3332	0,3214	0,4246	0,3588	0,3384	0,2756	0,2424	0,5085
NY Heating Oil	0,8022	1	0,8019	0,6716	0,1234	0,2867	0,2528	0,3961	0,3366	0,3294	0,2834	0,2571	0,4821
NY Gasoline	0,7342	0,8019	1	0,5031	0,0603	0,2419	0,2764	0,3014	0,2902	0,3161	0,2332	0,2491	0,498
ICE Gasoil	0,5641	0,6716	0,5031	1	0,0788	0,2141	0,1942	0,2913	0,2322	0,2968	0,3321	0,2004	0,3858
Henry Hub Nat. Gas	0,1482	0,1234	0,0603	0,0788	1	0,145	0,1364	0,0857	0,1012	0,0146	0,0199	0,0058	0,0842
Corn	0,3332	0,2867	0,2419	0,2141	0,145	1	0,799	0,6069	0,2809	0,2372	0,1043	0,1502	0,2365
Wheat	0,3214	0,2528	0,2764	0,1942	0,1364	0,799	1	0,5823	0,3077	0,2289	0,1062	0,1587	0,2687
Soybeans	0,4246	0,3961	0,3014	0,2913	0,0857	0,6069	0,5823	1	0,3147	0,2611	0,2621	0,2307	0,3457
Sugar No.11	0,3588	0,3366	0,2902	0,2322	0,1012	0,2809	0,3077	0,3147	1	0,2535	0,1103	0,0941	0,2358
Coffee	0,3384	0,3294	0,3161	0,2968	0,0146	0,2372	0,2289	0,2611	0,2535	1	0,2121	0,1543	0,2816
Cocoa	0,2756	0,2834	0,2332	0,3321	0,0199	0,1043	0,1062	0,2621	0,1103	0,2121	1	0,143	0,2279
GOLD	0,2424	0,2571	0,2491	0,2004	0,0058	0,1502	0,1587	0,2307	0,0941	0,1543	0,143	1	0,7428
Silver	0,5085	0,4821	0,498	0,3858	0,0842	0,2365	0,2687	0,3457	0,2358	0,2816	0,2279	0,7428	1

Created on: 30.04.2012 at 17:44:47
Source: Thomson Reuters

Höchste Korrelation bei Gold und Silber. Niedrigste Korrelation bei Gold und Henry Hub Nat. Gas.

Abb. 24: Korrelationsmatrix von Gold zu anderen Rohstoffen[88]

88 Quelle: Thomson Reuters.

6.5 Welche Rolle wird Gold zukünftig in der Geldanlage spielen?

Diese Frage ist so alt wie das Investieren in Gold selbst! Historisch ist belegt, dass in Phasen des wirtschaftlichen Aufschwunges und in politisch stabilen Zeiten Gold-Investments eher keine bis eine unterrepräsentierte Rolle spielen. Wobei in Zeiten, welche von hohen Risiken und Volatilität geprägt sind, die Investitionen in Gold deutlich zunehmen. Daher ist auch für die Zukunft davon auszugehen, dass Gold seinen Platz als Investment mit Zukunftsaussicht behalten wird. Gerade in Zeiten von Transformation, in Wirtschaft, Politik und Gesellschaft, ist eine steigende Volatilität wahrscheinlich.

Es darf jedoch nicht vergessen werden, dass Goldinvestitionen oft einmal getätigt und als „Familienschatz“ weitergegeben werden. Dann handelt es sich nicht um eine auf den Event spezifizierte Investition, sondern um ein Generationenvermögen, welches aufgebaut wurde.

Will ein Investor auf die reine Goldpreisveränderung setzen, so ist er mit anderen Investments, wie Goldprodukte von Wertpapier-Emittenten, besser aufgestellt. Er ist damit schneller, kostengünstiger und für den Zweck der reinen Spekulation auf den Goldpreis zielführender unterwegs. Die mit den jeweilig verbundenen Produkten einhergehenden Risiken muss er selbstverständlich im Blick behalten.

Das Gold auch in der Zukunft eine Rolle in der Geldanlage und als Anlageobjekt haben wird, kann man positiv bescheiden. Für Goldinvestments, egal ob diese physisch getätigt werden oder als Underlying für ein Finanzmarktprodukt gelten, wird wohl immer ein Markt bestehen, denn wie man den vorangegangenen Abschnitten entnehmen kann, sind der Investition in Gold fast keine natürlichen Grenzen gesetzt.

Ob physische Investition oder Investition in „Papiergold“, also als Wertpapier oder gar als Derivat (dann un-verbrieft). Die Formen sind vielfältig und für den jeweiligen Zweck angemessen zu wählen. Auch macht es die Mischung der Instrumente aus. Da jeder Investor eine andere Anlagementalität und Einstellung zum Risiko besitzt, kann kein allgemein verbindlicher Rat erteilt werden. Die jeweilige Ausprägung und Risikotragfähigkeit muss hier Berücksichtigung finden. Auch müssen die gewählten Instrumente zum Investor passen und von diesem verstanden werden. Gold gilt zwar als werterhaltendes Investment, jedoch bedeutet dies nicht risikoloses Investment. Schwankungen, die zum Teil deutlich sein können, sind auch hier gegeben und müssen bei der Anlageentscheidung berücksichtigt werden. Dies gilt genauso wie die einzelnen Fragestellungen der Instrumente und deren Ausgestaltung. Die damit verbundenen Kosten, Lagerungsmöglichkeiten und/oder Abwicklungswege.

Epilog: Der goldene Schluss

Gold hat in den Gedanken, Handlungen und Entscheidungen der Menschheit einen besonderen Platz. Es gilt als göttliches Metall, wurde in Götzenbildern verehrt und schmückt bis heute für die Menschheit kostbare Gegenstände. Es wurde dem Menschen ein lebendiger und ewiger Begleiter, da es weder verbrennt noch oxidiert. So ist jede Unze Gold ein Teil unserer eigenen Geschichte und es besteht die Möglichkeit, dass das Gold in unserem privaten Schmuck bereits im alten Ägypten Verwendung gefunden hatte. Unser modernes Finanz- und Wirtschaftssystem wäre ohne Gold so nicht denkbar. Als König Krösus aus Gold Geldmünzen prägen ließ, wurde er zum Urgroßvater eines modernen Geldsystems.

Der Goldbergbau und die Produktion von Gold sind nach wie vor schwierige und aufgrund der vielen Umwelteinflüsse nicht unumstrittene Industrien, welche die moderne Gesellschaft vor ethische und moralische Fragen, weit jenseits materieller Bedürfnisse stellen.

Anlagen in Gold haben, in den Krisen der vergangenen Jahrzehnte und weit darüber hinaus, immer eine wahre Renaissance erlebt. Dies zeigt, wie wichtig es der breiten Masse der Anleger ist, ein wertbeständiges Sachwert-Investment zu besitzen. Auch die Financial Engineering Industrie versorgt die Anlegergemeinde mit einer Vielzahl von Goldprodukten, die auf die jeweiligen Bedürfnisse der Investoren zugeschnitten sind. Gold ist somit mehr als nur reine Barren und Münzen. Es wurde zum modernen Underlying mit einer zigtausend Jahre alten Geschichte und Tradition. Doch diese Geschichte und Tradition ist wechselvoll: Viel Glanz und viel Gloria hat Gold gesehen, aber auch viel unsagbares Leid ist in seinem Namen geschehen. Dies zeigt, dass es gerade dieses Spannungsfeld ist, was Gold für uns so interessant macht und was seine Anziehungskraft auf uns ausübt.

Hoffen wir auf noch viele weitere goldene Zeiten!
Ad multos annos!

Literatur

Augustinus: Confessiones, Reclam 2009

Beckmann, Ted: Historical Sketch of the California Indians: Statehood, Harvey Mudd College 1997

Bibel, Einheitsübersetzung Katholische Bibelanstalt Stuttgart, Herder Vlg. 1980

Birkbäumer, Klaus; Höges, Clemens: Die letzte Reise: Der Fall Christoph Kolumbus, Deutsche Verlagsanstalt, München 2004

Blanchard, Oliver; Illing, Gerhard: Makroökonomie, Pearson Vlg. 2009

Bloss, Michael: Financial Engineering, 5. Auflage, De Gruyter Oldenbourg Berlin/Boston 2024

Bonnet, Hans: Lexikon der ägyptischen Religionsgeschichte, Nikol Vlg. 2000

Czichos, Joachim „Goldige Bakterien", Wissenschaft aktuell

Eisen, Christian: Hyperinflation in der Weimarer Republik: Ursachen und Gründe für den Wertverfall, GRIN Vlg. 2009

Goethe, Johann Wolfgang von: Faust I und II, Nikol Vlg. 2011

Grimmer, Thomas: Der Goldstandard – Stabilitätsgarant für Makroökonomie und Geldsysteme?, GRIN Vlg. 2012

Hahn, Ralf: Gold aus dem Meer. Die Forschungen des Nobelpreisträgers Fritz Haber in den Jahren 1922–1927, GNT Vlg. 1999

Hentschel, T.; Priester, M.: Quecksilberbelastung in Entwicklungsländern durch Goldamalgamation im Kleinbergbau und aufbereitungstechnische Alternativen, erschienen in Erzmetall 7/8, Weinheim 1990

Hofmannsthal, Hugo von: Jedermann. Das Spiel vom Sterben des reichen Mannes, 1911

Iwanow, Iwan: Die Schätze der Warnaer chalkolithischen Nekropole, Sofia Vlg. 1978

Kern H.; Ebert Chr.: Entstehung und Vorkommen von Goldlagerstätten, Kiel 1986

Krämer, Birgit: Kompendium Goldenes Wissen, Commerzbank AG 2013

Leichtl, Sibylle: Die Finanzierung des Ersten Weltkrieges und Hyperinflation 1914–1923, GRIN Vlg. 2007

Lorenz, Karsten: Erhält das Finanzamt eine Mitteilung über meinen Goldverkauf; WIWO 27.12.2024.

Malm O. et al.: Mercury pollution due to gold mining in the Madeira River Basin, Brazil; Ambio 1990

Mathis, A.; Rehaag, R. (Hrsg.): Gold und die Folgen. Auswirkungen des Goldbergbaus auf Sozialgefüge und Umwelt im Amazonasraum, Köln 1994

o.V.: Anteil der Goldbesitzer an der Gesamtbevölkerung in Deutschland im Jahr 2019, Statista
o.V.: Basiswissen Rohstoffe
o.V.: Commerzbank Rohstoff aktuell
o.V.: Corona-Krise: Anteile der Unternehmen mit geplanten Veränderungen im Arbeitsalltag nach Arbeitsbereichen in Deutschland im 2. Quartal 2020, Statista
o.V.: Deutsche Bundesbank. (2025). Goldreserven der Deutschen Bundesbank von 1999 bis 2024 (in Millionen Euro). Statista
o.V.: Die Vermögensanlage Gold, Statista
o.V.: Entwicklung der Immobilienpreise in Deutschland von 2004 bis zum 3. Quartal 2020 (Q1 2004 = Index 100), Statista
o.V.: Förderkosten je Gold-Unze des Bergbauunternehmens Agnico-Eagle Mines Limited (AEM) in den Jahren 2008 bis 2019 (in US-Dollar), Statista
o.V.: US Geological Survey. (2024). Goldreserven weltweit nach Ländern im Jahr 2023 (in Tonnen). Statista.
o.V.: Gesamter Goldbesitz der privaten Haushalte in Deutschland von 2010 bis 2019 (in Tonnen), Statista
o.V.: Gold, Statista
o.V.: Goldbesitz der privaten Haushalte in Deutschland von 2010 bis 2019 nach Verwendungszweck (in Tonnen), Statista
o.V.: Goldzukäufe der weltweiten Zentralbanken von 2010 bis 2019 (in Tonnen), Statista
o.V.: Größte Gold-ETFs und -ETCs weltweit nach Goldbestand (Stand: 30. Juni 2020; in Tonnen), Statista
o.V.: Herder: Gottesdienst, Osterkerze
o.V.: ICE Benchmark Administration; Metals Focus; World Gold Council, Statista
o.V.: IFM USA: Staatsverschuldung von 2001 bis 2023 und Prognosen bis 2029 (in Milliarden US-Dollar), Statista
o.V.: Inflation und Verbraucherpreise, Statista
o.V.: LBBW Commodity Research, Emittenten
o.V.: S&P Global Ratings
o.V.: US Census Bureau: Bevölkerungsschichten Kalifornien
o.V.: Verteilung der Goldreserven der Deutschen Bundesbank auf die einzelnen Lagerorte von 2011 bis 2019 (in Tonnen), Statista
o.V.: Weltweit verarbeitetes Gold in den Jahren 2005 bis 2018 (in Tonnen), Statista
o.V.: Weltweite Goldnachfrage für ETFs und ähnliche Anlageprodukte von 2005 bis 2019 (in Tonnen), Statista

o.V.: Weltweite Minenproduktion von Gold in den Jahren 2005 bis 2018 (in Tonnen), Statista

o.V.: Weltweite Minenproduktion von Gold nach Regionen im Jahr 2018 (in Tonnen), Statista

o.V.: Weltweites Goldangebot von 2008 bis 2019 (in Tonnen), Statista

o.V.: Wirtschaftswoche

o.V.: World Gold Council. (2024). Länder mit den größten Goldreserven (in Tonnen; Stand: 2. Quartal 2024). Statista.

Pommer, Benjamin: Die Währungsreform 1948: Die Ursachen und ihre Wirkung, GRIN Vlg. 2009

Ratzinger, Joseph: Einführung in das Christentum, Kösel Vlg. 2000

Ratzinger, Joseph: Salz der Erde, Deutsche Verlagsanstalt München 1996

Richter, Klemens: Die Ordination des Bischofs von Rom: Eine Untersuchung zur Weiheliturgie vom Neuen Testament bis zum Pontificale Romanum von 1968; 1976

Sedlmaier, Hans: Focus 5.3.2009

Seeger, Michel: Neue Keynesianische Makroökonomie, GRIN Vlg. 2009

Sordon, Dieter: Neuer Goldstandard – neues Goldverbot?

Spreemann, Klaus: Finance, Oldenbourg Wissenschaftsverlag, 3. Aufl. 2007

Statehood; Beckmann; Tex: Historical Sketch of the California Indians, Harvey Mudd College 1997

Wieting, Jens: Umweltmanagement des Goldbergbaus in Nicaragua, Berlin 1996

Register

Abbildungsverzeichnis